KB202356

구원은 중대한 문제다. 성경은 우리에게 한편으로는 "두렵고 떨림으로 너희 구원을 이루라"라고 명령하는 반면, 다른 한편으로는 위대한 확신으로 걸어 들어가는 신자들의 아름다운 그림을 그려준다. J. D. 그리어는 우리를 도와 회심이 정말로 무엇이고 무엇이 아닌지를 보도록 한다. 이 책은 하나님 앞에서 자신이 어디에 있는지를 놓고 씨름하는 사람들에게는 도움이, 거짓된 확신을 가진 자들에게는 경종이 될 것이다. 나는 이 책을 정말 강력히 추천한다.

매트 챈들러

『완전한 복음』 저자, 빌리지 교회 대표 목사,
교회 개척 네트워크 사도행전 29 회장

충심으로 인격적이다. 대단히 유익하다. 놀랍도록 실질적이다. 철저하게 성경적이다. 나는 이 책을 그리스도 안에 있는 구원의 확신을 알고 경험하고 전하기를 갈망하는 모든 그리스도인에게 진심으로 추천한다.

데이비드 플랫

『래디컬』 저자, 앨라배마주 버밍엄 브룩힐즈 교회 목사

오늘날은 복음을 나누는 데서 개인의 설득 능력이 지나치게 강조된다. 무엇을 말해야 하고, 그것을 어떻게 말해야 하는지, 믿어야 하는 이유와 성경의 권위에 대한 증거들, 또 신뢰를 얻는 방법이 어쩌고저쩌고. 나의 친구 J. D. 그리어의 책을 한 권 집어 들어 예수 그리스도로 구원받은 사람의 표시를 배우라. 나는 이 책을 당신에게 추천한다.

제임스 맥도날드 박사

『버티컬 처치』 저자, 하비스트 바이블 교회 담임 목사

걸작이다! 이 책은 참으로 유용하다. 읽기 쉽고 매력적이며 성경적인 통찰로 가득하다. 구원의 확신 문제로 씨름하는 그리스도인들에게 소망을 줄 뿐 아니라 보통의 그리스도인들을 훈련시켜 복음을 더욱 잘 전하고 다른 사람들을 예수님 안에서의 참된 회개와 믿음으로 인도하도록 할 것이다.

조슈아 해리스
목사, 「겸손한 정통신앙」 저자

도발적인 책 제목(원제는 "Stop Asking Jesus Into Your Heart"로 직역하자면 "더 이상 예수님을 당신의 마음에 영접하지 말라"이다—옮긴이 주)에 놀라 이 중요한 책을 놓치지 말라! 자신의 개인적이고 목회적인 경험을 자양분으로 삼고 성경의 충족성에 단단히 발을 디딘 그리어의 최대 관심은 우리를 도와 구원에 대해 참된 성경적 확신을 갖게 하는 것이다. 그는 구원을 위한 필수 요소로서 회개와 믿음의 절대적인 필요성을 강조해야 함을 우리에게 마땅히 상기시킨다. 나라면 다르게 표현했을 만한 몇몇 요소들을 트집 잡을 수 있겠으나 그럼에도 나는 이 책의 대부분을 전심으로 지지한다. 시기적절하고 매력적으로 쓰였으며 대단히 실용적인 이 책은 모든 목회자들의 책장에 자리할 만한 가치가 있다. 이 책을 사라! 적용하라!

데이비드 L. 알렌 박사
사우스웨스턴 침례신학대학원 신학과 학장

매우 유익하고 필요한 책이다. 실로 엄청난 수의 사람들이 자신을 참된 그리스도인으로 생각하지만 실상 이들이 가진 것은 거짓된 확신이다. 반면 견고한 확신이 부족한 참된 그리스도인들도 있다. 이 책은 복음을 어떻게 가르쳐야 이와 같은 결과를 피할 수 있을지, 그리고 이러한 혼란을 경험하고 있는 사람들을 도와 구원할 수 있을지를 설명한다. 회개와 믿음의 의미와 증거의 분명한 제시에 대한 강조는 정확히 필요했던 바다. 더불어 구원의 참된 확신이 우리의 삶에 만들어내는 차이 역시 다루고 있다. 나는 이 책을 강력히 추천한다.

프랭크 바커
앨라배마주 버밍엄 소재 브라이어우드 장로교회 명예 목사

민감한 양심은 사탄의 저주이거나 하나님의 축복일 수 있다. 당신의 양심은 당신을 하나님으로부터 멀어지게 하는가, 아니면 그분에게로 인도하는가? 이 책에서 J. D. 그리어는 복음을 제대로 이해한다. 그리고 복음은 죄의 깨달음으로부터 구원으로 향하는 길이다. 이 책은 당신을 도와 당신의 양심을 어떻게 주님의 손에 내려놓아야 할지를 알게 하는데 그곳에서 이 책은 아우구스티누스나 마르틴 루터의 삶에서와 같이 하나님께서 위대하게 사용하시는 도구가 될 수 있다.

마크 데버 박사
목사, 『건강한 교회의 9가지 특징』 저자

모든 그리스도인들이 구원에 대한 의심과 씨름한다. 신자들에게 구원의 소망을 보증하는 위로가 되는 성경 본문들은 의심에 직면했을 때 믿음을 세우고자 쓰였다. 『구원의 확신』은 독자들의 삶을 변화시키는 방식을 통해 확신과 인내 모두로 인도한다. 그리어의 글은 안일한 믿음주의에 대한 모욕이자, 하나님의 말씀의 약속에 대한 주목이다. 위안이 되는 경종이다.

에드 스테처 박사
라이프웨이 리서치 대표

스무 살이 되고 내 구원을 의심하는 끔찍한 시절을 보냈을 그 당시에 있었더라면 하고 바라게 되는 책이다. 하나님의 은혜와 복음의 진리로 나는 이 문제를 해결할 수 있었다. 그 이후로 나는 내 구원의 온전한 확신 속에서 살아왔다. 하나님은 우리가 예수님 안에서 영원히 안전하다는 기쁜 진리를 경험하기 원하신다. 이 책은 당신이 그곳에 도달하는 데 도움을 줄 것이다. 나는 이 책을 자주 추천할 것이다.

대니얼 애킨 박사
사우스이스턴 침례신학대학원 총장

젊은이들과 함께 사역하는 사람으로서 나는 내 친구 J. D. 그리어가 『구원의 확신』에서 살피고 있는 '당신이 구원받았음을 어떻게 확실히 알 수 있는가'의 위험을 종종 목격한다. 18-24세 사이의 많은 학생들과 마주했을 때 이들은 내게 어릴 적 누군가와 [죄인의] 기도를 반복했을 당시 자신이 무엇을 하고 있었는지 전혀 알지 못했다고 이야기했다. 다음 세대의 지도자들로서 우리는 단순한 영적 거래보다는 참된 삶의 변화와 실제적인 방향의 변화에 집중해야 한다. 나는 저자가 이 새로운 책을 통해 구원과 제자도와 관련한 이 어려운 문제와 기꺼이 격돌해주었다는 사실에 감사한다.

J. 로저 데이비스
스튜던트 라이프 대표

J. D. 그리어의 『구원의 확신』은 그리스도인들에게 전하는 구원의 확신에 대한 성경적 설명으로, 이미 다 이루신 예수 그리스도의 사역을 기초로 한다. 영생으로의 초청은 기도 이상이다. 이것은 살아 있고 호흡하며 실제적이고 의미 있는 예수님을 통한 하나님과의 관계로 성령이 이것을 인쳐주신다. 복음은 구원할 뿐 아니라 지속한다. 당신의 구원을 확실히 아는 능력을 읽고 깊이 생각하고 기뻐하라.

에드 뉴튼

테네시주 멤피스에 거주하는 성경 커뮤니케이터

처음 이 책의 제목을 보았을 때, 나는 허를 찔린 느낌이었다. 나는 복음전도자로, 사람들에게 끊임없이 회개를 촉구하고, 이들의 마음에 예수님을 영접하도록 설득하기 때문이다. 그러나 책을 읽기 시작했을 때 나는 큰 개념, 즉 회개와 구원의 기도를 올려드리는 것은 회개와 믿음의 일생이 시작되었음을 표시하는 것에 불과하다는 주장을 이해하기 시작했다. 여기서 그리어는 어려운 문제와 씨름하고 교회가 단 한 번의 기도가 아닌 이미 다 이루신 그리스도의 사역에 닻을 내린 구원을 이해하도록 돕는 데 큰 공을 세웠다.

클레이튼 킹

뉴스프링 교회 교육 목사, 리버티 대학 캠퍼스 목사

이 책은 기독교 믿음으로의 길을 명확하고 조리 있는 주장을 통해 설명한다는 점에서 존 스토트의 『기독교의 기본 진리』와 비슷하다. 또한 『구원의 확신』은 많은 후속 질문들에 답을 하는 데 특별히 유익하다. 믿음을 구하는 자들과 나누는 자들 모두에게 무엇이 그리스도 안에서의 참된 구원을 유발하고 증거하는지에 대한 J. D. 그리어의 분명한 생각은 도움이 될 것이다.

데이비드 A. 스펜스

스토트 박사 기록 보관소 관리자

부적절한 방법론과 엉성한 신학은 복음주의에 있어 오늘날 많은 교회를 나쁘게 말하면 마비시켰고 좋게 말하면 혼란스럽게 했다. 그리어의 책은 시의적절할 뿐 아니라 중대하다.

마이크 칼훈
Word of Life Fellowship 대표의 행정 비서,
Where Was God When 저자

그리어는 우리 시대 믿기 어려울 정도로 필수적인 주제와 씨름하는데, 사역의 최전선에서 담대함을 가지고 예수님을 따르라고 사람들을 초청하는 자로서 그렇게 한다. 이 책을 읽고 성경적 회심의 경이로움을 새로운 눈과 굶주린 마음으로 이해하라.

앨빈 리드 박사
사우스이스턴 침례신학대학원 전도와 청소년 사역 교수,
베일리 스미스 전도 의장, *As You Go* 저자

나는 이 새로운 책의 여백에 '아멘과 와우'를 적어대느라 사인펜 2개에 달하는 잉크를 소진했다. 매 장에서 나는 복음의 더 나은 사역자가 되기 위한 격려와 책망, 훈련, 강요를 경험했다. 교회에 이 선물을 선사해준 그리어, 고마워요.

데이비드 나세르
목사이자 저자, 복음전도자

이 책의 제목이 불편했다는 사실은 나도 인정한다. 이것은 나에게 이른바 '죄인의 기도'에 반대하는 전도지와 같이 들렸고, 나는 '주님 죄인인 저를 불쌍히 여기소서'라고 외치는 것이 성경적이라고 생각하기 때문이었다. 하지만 본문을 읽었을 때 그것이 이 책의 내용이 전혀 아님을 알게 되었다. 오늘날 복음주의 진영에서 가장 역동적이고 훌륭한 목회자들 중 하나로 손꼽히는 J. D. 그리어는 이 책을 통해 그리스도인들의 공통적인 문제, 즉 예수님이 우리 죄인들의 기도를 들으시고, 있는 모습 그대로 우리를 받아주신다는 사실을 결코 충분히 확신할 수 없다는 생각을 이야기한다. 이 책은 예수님을 자신에게 오는 모든 사람을 기쁘게 받아주시는 환영과 긍휼의 구세주로 조명한다. 당신 혹은 당신이 사랑하는 누군가를 예수님이 그분의 나라에 들어오지 못하도록 하신다는 지속적인 두려움으로부터 자유로워질 수 있게 이 책이 도와줄 것이다.

러셀 D. 무어 박사
서던 침례신학대학원 학장,
『왜 우리는 유혹을 이길 수 없는가』 저자

Stop Asking Jesus Into Your Heart

How To Know For Sure You Are Saved

J. D. Greear

당신이 구원받았음을 어떻게 확실히 알 수 있는가?

구원의 확신

STOP ASKING JESUS INTO YOUR HEART

J. D. 그리어 지음 | 장혜영 옮김

새물결플러스

먼저는 그리스도에게로 피하고 그 이후에는
그리스도 안에 거하는 것의 중요성을 가르쳐주신
나의 부모님, 린과 캐롤 그리어.

나를 위하여 복음의 능력의 본을 보여주시고
나보다 앞서 이 여정에 나선
과거의 위대한 영적 순례자들을 내게 소개해주신
나의 첫 번째 목사님, E. C. 시한 박사님.

내 4명의 자녀,
카리스, 알레티아, 라이아, 에이돈,
그리스도의 변함없는 사랑을
너희 영혼의 닻으로 아는 기쁨을 너희가 발견하기를!

·········· 감사의 글 ··········

이 책을 만들기 위해 대단히 헌신해준 B&H의 여디디아 코펜저와 그의 유능한 팀에게 특별한 감사를 전하고 싶습니다. 자신의 일에 대한 이들의 열정은 이들이 이 일을 단순한 사업이 아닌 사역으로 본다는 사실을 분명히 증명해주었습니다.

차례

이번 주에도 나는 자신의 영혼의 상태에 대하여 절망적으로 염려하는 훌륭한 젊은이를 만났다. 한 사람이 다른 사람의 마음을 보거나 아는 것이 불가능하지만, 나는 그가 주님을 안다고 확신했다. 그리스도를 경험한 이후의 실패에 대한 그의 염려는 내가 보기에 그의 구원을 의심해야 할 실질적인 이유라기보다 그가 처했던 가족의 상황 및 과거 그의 삶에서 좋지 않은 모습을 보인 것과 더 관련되어 있었다.

『구원의 확신』은 내가 그의 손에 쥐여주었으면 했던 책이다. 나는 진심으로 이 책의 메시지가 그 젊은이를 비롯하여 그와 같은 수백 명의 사람들의 필요를 채우기 위해 온전히 쓰였다고 믿는다. 솔직히 나는 이 책의 제목이 마음에 들지 않지만, J. D. 그리어는 성경이 분명 "영접하는 자들에게는 하나님의 자녀가 되는 권세를 주셨으니"라고 이야기하고, 따라서 누구든 주님을 영접하는 것에 대해서는 이의가 없다는 사실을 분명히 한다. 사실 몇몇 군데의 해석에 대해서는 동의하지 않을 수도 있겠지만 그럼에도 나는 이 책이 철저히 성경적이라고 생각한다. 제목 자체의 의도는 누구든 주님을 간구하지 못하도록 하기 위함이 아니다. 오히려 모든 사람이 주 예수님을 구하고 신뢰하라는 진심 어린 경고다.

이 책은 성경적일 뿐 아니라 구원의 본질에 대한 깊은 숙고다. 구원은 성경에서 가장 복잡한 주제다. 이 주제에 대해 연구할수록 구원의 의미를 완전히 이해하는 사람이 없다는 사실을 더욱 확신하게 되는데 이는 구원이 우리는 완전히 이해할 수 없는 하나님의 행위인 까닭이다. 하지만 이 어려움에도 불구하고 구원은 또한 놀랍도록 단순하다. 구원은 사람들이 그것을 얻는 방식에서 단순하다. 역사하는 비밀의 일부는 하나님이 구원이라는 복잡한 개념을 취하셔서 자신의 탁월하심 가운데 이것을 여느 남자와 여자라도 충분히 이해할 수 있도록 만드셨다는 점이다. 이 얇은 책은 이것이 얼마나 사실인지를 증명한다.

그리어는 신학자로 훈련받았지만 목회자의 마음으로 움직인다. 자신의 경험 외에도 그리어는 그의 사람들과 막대한 시간을 함께한다. 그는 그들을 사랑하고 그들의 상처와 필요를 느끼며 목회자적인 방식으로 반응하는 법을 배워왔다. 이 책은 신학자들에게 흥미로울 뿐만 아니라 평신도들이 읽기에도 전혀 무리가 없을 것이다. 가장 중요하게는, 하나님이 마음을 열어주시는 구도자는 이 책을 읽고 그 메시지를 이해하고 자신의 믿음을 그리스도 안에 둘 수 있을 것이다. 마지막으로, 더 높은 기준으로 부름 받아 나쁠 것이 없다. 이 작은 책은 당신을 도전해 당신이 중요한 신학적 문제를 명백한 성경적 용어로 논의하고 이와 같은 개념을 종종 유행하는 더 인기 있는 방식으로 생각하려는 유혹을 거절하도록 만들어줄 것이다. 그리어의 이 책을 집어 들고 이것의 메시지를 면밀히 읽고 내가 그랬듯이 이 유익을 누린 후 자신이 구원받았는지의 문제와 씨름하고 있는 다른 사람에게 건네주어라. 그가 구원받지 못했다면, 이 책은 그에게 구원을 얻는 방법을 이야기해줄 것이다. 만약 그가 구원받았다면, 이 책의 메시지는 그에게 그와 같은 사실을 모든 면에서 확인시켜줄 것이다.

페이지 패터슨
텍사스주 포트워스 소재 사우스웨스턴 침례신학대학원 총장

1장

네 번의 침례

STOP

ASKING

JESUS

INTO

YOUR

HEART

만일 기네스북에 "예수님을 당신의 마음에 영접한 횟수"라는 항목이 있다면, 확신하건대 내가 그 기록 보유자일 것이다.

열여덟 살 때까지 나는 아마도 오천 번은 예수님을 내 마음에 영접했을 것이다. 이것은 내가 네 살 즈음이던 어느 토요일 아침, 어떻게 우리가 천국을 향하고 있다는 사실을 알 수 있는지를 부모님께 묻는 것으로 시작했다. 부모님은 나를 조심스럽게 '구원으로 향하는 로마서의 길'로 인도했고 그때 나는 처음으로 예수님을 내 마음에 초청했다.

부모님과 목사님은 나의 진실함과 세부 사항에 대한 이해를 확신했고 따라서 나는 침례를 받았다. 우리는 내 성경책에 그 날짜를 기록했고 거의 10년 동안 나는 이 문제에 대해 평안했다.

그런데 고등학교 1학년 어느 금요일 밤, 주일학교 선생님이 마태복음 7:21-23에 따르면 자신이 예수님을 안다고 생각했던 많은 사람들이 마지막 날 그분이 자신을 전혀 알지 못했다는 현실에 눈 뜨게 될 것이라고 말씀하셨다. 예수님을 영접하는 기도를 올려 드렸지만 이들은 전혀 거듭난 적이 없었고, 진심으로 예수님의 주인 되심을 받아들인 적도 없었다. 선생님의 설명에 따르면 이들은 다음과 같은 참담한 말과 함께 천국에서 영벌로 쫓겨나게 된다. "내가 너희를 도무지 알지 못하니 불법을 행하는 자들아 내게서 떠나가라!"

나는 겁이 났다. 내가 쫓겨나는 이들 중 한 사람은 아닐까? 다섯 살에 불과했던 내가 죄에 대해 진심으로 회개했던 것일까? 네 살짜리가 자신의 행동을 제대로 이해했던 것일까?

나는 다시 한번 예수님을 내 마음으로 영접했는데, 이번에는 내 신앙에 대해 더욱 진지해지겠다는 다짐과 함께였다. 나는 재침례를 요청했고, 성도들 앞에서 하나님에 대해 진지해지겠다는 매우 감동적인 간증도 나누었다.

당시 나는 수도 없이 결신의 자리로 나아갔다.

모든 교단에서 적어도 한 번씩은 구원을 받은 것 같다.

구원의 확신

이것이 사건의 종료였을까? 그렇지 않다.

오래지 않아 나는 다시 묻고 있었다. 이번에는 **정말로** 내 죄에 대하여 충분히 후회한 것이었을까? 구원받을 때 강 같은 눈물을 흘리는 사람들도 있다는데 나는 그렇지 않았다. 이것은 내가 진심으로 후회하지 않았다는 뜻일까? 게다가 개선해보겠다고 몇 번을 다짐해도 또다시 빠져드는 몇 가지 죄도 있었다. 나는 이 죄들을 **정말로** 회개했던 걸까? 그 기도의 순간 나는 완전히 굴복했던 걸까? 그 순간 예수님이 원하셨다면 그분을 위해 목숨이라도 내놓았을까?

따라서 나는 죄인의 기도(sinner's prayer, 복음주의 용어로 자신의 죄를 깨닫고 예수 그리스도를 통해 하나님과의 개인적인 관계를 새로이 하는 회개의 기도를 일컬음—옮긴이 주)를 다시 한번 올려드렸다. 그리고 또다시. 또다시. 매번 제대로 하려고 노력했고, 진심으로 하려고 애썼다. 제대로 되었다고 느끼는 순간은 일시적인 희열로 이어졌다. 하지만 이것은 곧 사라졌고 나는 또다시 질문했다. 그리고 또다시 기도했다.

당시 나는 수도 없이 결신의 자리로 나아갔다. 모든 교단에서 적어도 한 번씩은 구원을 받은 것 같다.

나는 침례를 구원 이후의 신앙고백으로 이해했고, 작은 확신을 얻을 때마다 다시 침례를 받아야 한다고 생각했다. 총 네 번이다. 솔직히 매우 난처했다. 우리 교회의 침례식에서 나는 주요 멤버였다. 침례탕 탈의실에는 나를 위한 사물함이 비치되었다.

참담한 경험이었다. 나의 영적 생명은 의심하고, 통로를 걸어 내려가고, 침수되는 주기로 점철되었다. 얼마나 자주, 얼마나 진심으로 예수님을 내 마음에 영접하든 나는 구원의 확신을 찾을 수가 없었다.

나는 나 홀로 싸우고 있다고 생각했지만 수년 동안 내 이야기를 나누었을 때 너무나도 많은 이들이 나를 찾아와 내 경험이 곧 자신의 경험이라 (일반적으로 잦은 침례와 강박증적 성향까지 동반하지는 않았다) 이야기했고, 나는 이 문제가 교회 안에 유행처럼 번져 있다고 결론 내렸다.

당신이 이 책을 집어 든 것도 그러한 이유 때문일 수 있다. 반복되는 죄인의 기도에도 불구하고 당신은 여전히 종말에 하나님이 당신을 향해 천국문을 여실지 궁금해할 수 있다. 당신은 하나님이 그러시기를 소망하지만 상당한 의심이 남아서 다른 사람들에게는 있는 듯하지만 찾기는 어려운 평안을 당신에게서 몰아내고 있다.

아니면 자신이 천국에 갈 수 있을지 전혀 아는 바가 없고,

구원의 확신

누구라도 그와 같은 사실을 어떻게 알 수 있는지 궁금해할 수도 있다. 어쩌면 자신과 같이 죄를 많이 지은 사람이 어떻게 용서를 받을 수 있는지 궁금해할 수도 있다. 하나님을 너무 많이 거절해서 자신은 구원의 기회를 박탈당했을 거라 두려워할 수도 있다.

이 책은 이 모든 사람을 위해 쓰였는데, 이들 모두가 똑같이 단순한 질문을 던지고 있기 때문이다. **어떻게 아무런 의심 없이 자신이 구원받았음을 알 수 있을까?**

문제의 이면: 거짓된 확신

이것은 매우 중요한 문제인데 단순히 어떤 이들을 두려움으로 묶어두기 때문이 아니라 이 문제를 완전히 오해하고 있는 다른 이들 때문이다.

예수님은 대단히 많은 수의 사람들이 실제로는 소유하지 못한 구원을 확신하고 있음을 경고하셨다. 우리 주일학교 선생님의 이야기는 사실인데, 마태복음 7장에 따르면 예수님은 마지막 날에 자신이 그분에게 속해 있다 생각했던 '많은' 사람들을 쫓아내실 것이다. 이들 중 다수가 죄인의 기도를 올려드린 사람들임에는 의심의 여지가 없다.

어느 날 오후 동네 농구장을 찾은 나는 그곳에서 몇 번 본 적이 있는 한 남자와 즉흥 경기를 시작했다. 그는 괴짜였다. 입이 굉장히 거칠었을 뿐 아니라 몸에 문신이 얼마나 많은지 원래의 피부색을 알 수 없을 정도였다. 그는 계속해서 자신이 얼마나 많은 여성과 잠자리를 하고 있는지를 자랑했다. 그는 혹시라도 성경에 대해 알고 있지는 않을까 의심해볼 만한 여지가 있는 그런 종류의 사람이 아니었다.

경기를 하면서 나는 내가 그리스도께로 나아오게 된 이야기를 나누기 시작했다. 세 문장이나 이야기했을까, 그는 멈추어 공을 잡고는 물었다. "혹시 나를 전도하려고 하는 거니?"

전도라는 용어를 알고 있다는 사실 자체에 놀란 나는 대답했다. "어… 그러니까… 맞아."

그는 말했다. "좋아. 오랫동안 나를 전도하려는 사람이 없었거든…. 하지만 염려하지 마. 나는 열세 살 때 중고등부 수련회에서 예수님을 내 마음에 영접했으니까. 나는 제대로 된 그리스도인이었을 뿐 아니라, 대단한 그리스도인이 되었지. 매주 중고등부 모임에 참석했고, 혼전 순결 서약도 했고, 성경 구절도 암송했고, 선교도 다녀왔는걸. 심지어는 다른 친구들을 예수님께로 인도하기도 했어."

"그런데 2년 후 섹스를 '알게 됐어.' 내가 누구와 잠자리를 할 수 있다 없다 말하는 하나님이라는 개념이 싫었지. 그래서 잠시 동안 그분을 제쳐두기로 했고 얼마 지나서는 아예 믿지 않기로 결정한 거야. 지금 나는 행복한 무신론자야."

그는 덧붙였다. "그런데 기막히게 좋은 사실은 이거야. 내가 자란 교회는 남침례교였고, 이들은 영원한 보증을 가르쳤어. '한번 받은 구원은 영원한 구원'이라는 거지. 그런데 너도 침례교인 아니니?"

내 대답은 어색한 침묵이었다.

그는 말을 이어갔다. "그 말은 열세 살에 얻은 내 구원이 지금 내가 더 이상 하나님을 믿지 않아도 여전히 유효하다는 거야. '한번 받은 구원은 영원한 구원'이니까. 그렇지? 그러니 네가 옳다고 해도, 다시 말해 하나님이 존재하고 예수님이 유일한 길이라고 해도 나는 안전해! 좌우지간 나는 손해 볼 것이 없어…. 내가 옳다면 동화 같은 이야기 때문에 내 생활 방식을 제한하느라 인생을 낭비하지 않은 게 되니까. 자, 이제 네 차례야."

이런 사람에게 무슨 말을 해야 할까? 다음의 사실들을 고려해보자. 그는 진실로 예수님을 자신의 마음에 영접하는 기도를 올려드렸고 모든 지표를 볼 때 매우 진실했다. 그리고 사람들이 매우 일찍이 믿음으로 나아오는 것은 분명히 가능하다. 사실 예수님은 어른들에게 너희도 구원받길 원한다면 어린아이들과 같이 되라고 말씀하셨다. 게다가 이 사람은 회심 이후 즉각적인 열매를 보였고, 예수님에 대해 흥분했고, 그분을 위하여 열심을 냈다. 그리고 성경은 실제로 영원한 보증, 즉 한번 받은 구원은 영원한 구원임을 가르친다. 그렇다면 그가 옳은가? 과거 어느 순간의 결정으로 지금 어떻게 살고 있든지 자신이 영원히 구원받았다는 확신을 가지고 살 수 있는가?

이 책의 남은 분량을 통해 풀어낼 나의 짧은 대답은 이것이다. **그럴 수 없다.** 진실로 구원은 한순간에 일어나고 한번 구원받은 사람은 영원히 구원받는다. 그러나 구원받은 사람의 표는 그가 믿음의 고백을 그의 삶의 마지막까지 유지하는 것이다. 구원은 한 번의 의식을 통해 올려지고 그 이후 잊히는 기도가 아니

구원은 한순간에 시작하여 남은 생애 동안 유지되는
회개와 믿음의 자세다.

구원의 확신

다. 구원은 한순간에 시작하여 남은 생애 동안 유지되는 회개와 믿음의 자세다.

여러 종류의 토양에 대한 비유에서 예수님은 자신의 말을 듣고 처음에는 믿음의 좋은 반응을 보였지만 시간이 지나자 곧 넘어진 사람들에 대해 말씀하셨다. 예수님의 설명에 따르면 이들은 복음을 듣고 그것에 긍정적으로 반응했다. 즉 기도를 드리고, 결신의 자리로 나아가고, 침례를 받는 등 당신의 교회에서 새로운 회심자들이 하는 것은 무엇이든 했다. 이들은 얼마의 기간 동안 교회에 머물렀다. 하지만 박해의 태양이 뜰 때, 인내하지 않았고 결국에는 구원받지 못했다(눅 8:13).

사도 요한은 "그의 이름을 믿었으나" 그가 "친히 모든 사람을 아신" 까닭에 자신의 몸을 의탁하지 않으셨던 많은 이들을 언급했다(요 2:23-25). 예수님은 그들의 믿음이 일시적인 유행으로, 시간과 시련이라는 시험을 인내하지 못할 것을 아셨다.

정신이 번쩍 들게 하는 이와 같은 이야기들은 많은 사람이 자신이 천국으로 향하고 있다는 착각 속에서 영원한 심판을 향해 있다는 사실을 가르친다. 이들은 자신이 그 기도를 올려드렸다면 예수님이 자신을 구원하시고, 인치시고, 버리지 아니하시고, 떠나지 아니하실 것이라 배운다. 이들은 그 기도를 올려드렸고 자신은 죽어서 천국에 갈 것이라는 착각 속에서 산다. 이들을 생각하는 것만으로도 나는 두려워진다.

2011년에 실시된 바나 그룹 조사[1]에 따르면 미국 전체 성인의 절반이 이와 같은 기도를 올려드렸고 결과적으로 자신이 천국으로 가고 있다고 믿고 있지만, 설사 그렇다고 해도 이들 중 다수가 교회에 거의 출석하지 않고 개인적으로 성경을 읽지 않으며 또한 교회 밖 사람들과 특별히 다른 방식의 삶을 살고 있지 않다. 마태복음 7장과 누가복음 8장에서 묘사하는 사람들이 이들을 지칭하는 것이 아니라면 누구를 지칭하는 것일지 나는 잘 모르겠다.

원수—성경에서 '속이는 자'라고 불리는—는 참으로 구원받은 신자들로 하여금 자신의 구원을 확신하지 못하도록 만들기를 즐겨하는데, 그럴 때 하나님이 이들로 하여금 갖기 원하시는 자유와 기쁨, 확신을 결코 경험하지 못하기 때문이다. 동시에 그는 지옥을 향해 나아가는 이들을 현혹하여 자신이 천국을 향하고 있다고 생각하도록 만들기를 즐겨하는데, 이들의 양심이 회개하라는 예수님의 간청에 맞서 면역력을 갖게 하기 위함이다.

무익한 복음의 클리셰?

나는 이 두 가지 문제, 즉 불필요한 의심과 거짓된 확신이 우리 복음주의자들이 복음에 대해 말하는 상투적 방식으로 악화되는 것은 아닐지 의문이 들기 시작했다. 복음을 일컫는 복음주의적 약칭은 "예수님을 당신의 마음에 영접하라", "예수님을 주님과 구세주로 영접하라" 혹은 "당신의 마음을 예수님께 드려라"이다. 이 문구들이 그 자체로 잘못된 것은 아닐 수 있지만 성경은 결코 우리에게 이런 특정한 방식으로 구원을 요청하라고 이야기하지 않는다. 그리스도를 향한 구원의 반응에 대한 성경적 요약은 복음 안에서의 '회개'와 '믿음'이다.

나중에 설명하겠지만 '믿음'은 하나님이 예수님에 대한 진실, 즉 그분이 주님이자 우리의 구원 사역을 영원히 이루셨다는 사실을 말씀하셨음을 인정하는 것이다.

> 아들을 믿는 자에게는 영생이 있고, 아들에게 순종하지 아니하는 자는 영생을 보지 못하고 도리어 하나님의 진노가 그 위에 머물러 있느니라(요 3:36).

선생들이여, 내가 어떻게 하여야 구원을 받으리이까?…주 예수를 믿으라. 그리하면 너와 네 집이 구원을 받으리라(행 16:30-31).

일을 아니할지라도 경건하지 아니한 자를 의롭다 하시는 이를 믿는 자에게는 그의 믿음을 의로 여기시나니(롬 4:5).

네가 만일 네 입으로 예수를 주로 시인하며 또 하나님께서 그를 죽은 자 가운데서 살리신 것을 네 마음에 믿으면 구원을 받으리라. 사람이 마음으로 믿어 의에 이르고 입으로 시인하여 구원에 이르느니라(롬 10:9-10).

회개(역시 나중에 더 깊이 들여다보겠지만)는 그 믿음 위에서 '행동하는 것'이다. 회개는 당신이 이해하는 예수님에 기초하여 당신의 삶의 방향을 전환하는 것을 의미한다. 이것은 예수님이 복음을 전파하시면서 요구하신 첫 번째 반응이었고(막 1:15), 바울의 표현에 따르면 예수의 부활로 말미암아 하나님께서 "이제는 어디든지 사람에게 다 명하사"(행 17:30) 행하라고 말씀하신 것이기도 하다. 회개를 떠나서는 구원도 없다.

당신은 회개하거나 믿지 않고도 예수님을 당신의 마음에

영접할 수 있고, 예수님이 당신의 마음으로 오시기를 분명한 표현으로 요구하지 않고도 회개하고 믿을 수 있다.

회개와 믿음은 이미 다 이루신 그리스도의 사역을 향해 당신이 취하는 마음의 자세다. 그러한 자세의 시작을 기도로 표현할 수는 있다. 하지만 그 기도와 자세를 동일시하는 실수를 범하지는 말라. 죄인의 기도는 마법의 주문이나 구원의 케이크를 위해 따라야 할 레시피가 아니다. 참된 것, 즉 중요한 것은 당신이 내뱉는 말 배후에 있는 회개와 믿음의 자세다. 기도는 그 자세를 말로 표현하는 한에서만 유효하다.

"예수님을 당신의 마음에 영접하라"와 같은 문구를 지나치게 강조하는 것은, 확신을 갖지 말아야 할 사람에게는 확신을 주고 확신을 가져야 할 사람으로부터는 그것을 빼앗는다.

내가 뜻하지 않은 두 가지

내 말은 예수님을 당신의 마음에 영접하는 것이 이단이라는 뜻이 아니다

우리가 구원받을 때, 어떤 의미에서는 예수님이 우리 마음속으로 들어오신다고 말할 수 있다(예. 롬 8:9-11; 엡 3:17; 골 1:27-28; 갈

2:20). 하지만 구원의 순간 다른 많은 일들 역시 일어난다. 즉 우리가 예수의 피로 씻김 받고, 성령으로 인쳐지며, 새 하늘에 거할 처소를 보장받고, 포도나무에 접붙여지며, 우리의 이름이 어린 양의 생명책에 기록되고, 우리를 대적하는 사탄의 참소가 파기되는 등의 일이 일어난다. 구원의 순간 예수님이 우리를 위하여 이들 중 어느 하나를 행하시도록 요청하는 것은 이단이 아니나, 이들 중 어느 하나에만 집중함으로써 우리는 구원에 필수적인 한 가지—즉 이미 다 이루신 그분의 사역을 향한 회개와 그것을 믿는 믿음의 자세—를 가리는 위험을 무릅쓰게 된다(막 1:15; 요 3:36; 롬 4:5; 10:9-10).

예를 들어 우리가 다니면서 사람들에게 만일 당신이 구원받기 원한다면 예수님께 "내 하늘 거처의 건축을 시작해달라"(요 14:1-3) 혹은 "내 이름을 어린 양의 생명책에 기록해달라"(계 21:27)고 요청해야 한다고 이야기한다면 그 자체로 틀린 것은 아닐 테지만 오해의 소지는 있다. 자신의 죄를 뉘우치거나 한탄하지 않는 사람들도 자신에게 영원한 별장을 제공하시고 하늘 우등생 명단에 자신의 이름을 올려주시는 예수님에 대해서는 얼마든지 흥분할 수 있다.

반면 "예수님을 당신의 마음에 영접하라"는 요청은 구원에 대한 좀 더 성경적인 요약들 중 하나인데, 단어들 배후의 의미가 이해될 경우 그렇다. 성경에서 "마음"(잠 4:23)이란 그 사람의 자리다. 그런 의미에서 예수님을 당신의 마음으로 모신다는 것은 그분 자신이 당신의 가장 깊은 곳으로 녹아들어 가신다는 것, 즉 당신이 당신의 소망을 그분의 의로우심에 두고, 그분의 능력을 의지하며, 마음 가장 깊은 곳에서부터 그분의 주인 되심에 복종하는 것을 의미한다. 구원의 순간 신자에게로 녹아들어 가시는 하나님을 가리켜 교부들은 테오시스(*theosis*; 이것은 신성화[*divinization*]로 번역되었다)라고 불렀는데, 이는 문자 그대로 그리스도가 자신의 영을 우리의 영과 결합시키시는 것이다(고전 12:13; 갈 2:20). 그런 의미에서 그리스도는 "우리 마음에 계신다."

나의 궁극적인 관심은 그리스도 안에 있는 우리의 신앙을 어떠한 말과 행동으로 표현하느냐가 아니라, 그러한 말과 행동

'죄인의 기도를 올려드리는 것'은
우리가 천국에 들어가기를 원하는 사람들로 하여금 치르게 하는
일종의 개신교 의례가 되어버렸다.

으로 회개와 믿음을 대체하지 않는 것이다. '죄인의 기도를 올려드리는 것'은 우리가 천국에 들어가기를 원하는 사람들로 하여금 치르게 하는 일종의 개신교 의례가 되어버렸다. 이는 '약식 복음'으로서, 이런 복음이 제시하는 구원은 그리스도께서 완수하신 사역에 대해 우리가 모종의 태도를 취할 뿐만 아니라 남은 생애 동안 그것을 유지해 나아가는 것이라기보다는, 예수님과 맺고 그것으로 끝인 거래다.

내 말은 복음을 제시할 때 결정 요구를 머뭇거려야 한다는 뜻이 아니다

전통적으로 부흥사들은 죄인들에게 즉각적으로 복음에 반응할 것을 요청했는데, 결신의 자리로 나아가거나 예수님을 그들의 마음으로 영접하는 것을 통해서였다. 내가 선호하는 방법은 아니지만 분명 복음은 초청이고, 복음이 전파될 때마다 그 초청은 어떠한 형태로든 제시되어야 한다(예. 요 1:12; 마 11:28; 계 22:17). 사실 듣는 자들에게 하나님이 그리스도 안에서 권면하시는 것에 대해 개인적으로 반응할 것을 촉구하지 않았다면 복음을 온전히 전했다고 볼 수 없다.

죄인들이 바로 그 자리에서 구원을 구하도록 요구하는 것은 부흥사 찰스 피니가 개발해낸 무엇이 아니다. 역사를 통틀어

듣는 자들에게 하나님이 그리스도 안에서 권면하시는
것에 대해 개인적으로 반응할 것을 촉구하지 않았다면
복음을 온전히 전했다고 볼 수 없다.

가장 개혁주의적인 전도자들 중에도 듣는 자들을 초청해서 죄인
의 기도를 올려드리도록 한 이들이 있었다.

일례로 찰스 스펄전은 그의 설교 중 한 편을 다음과 같은
말로 마무리했다.

여러분이 이 자리를 떠나시기 전, 하나님께 진심 어린 기도를 올
려드리십시오. "하나님, 죄인 된 저에게 긍휼을 베풀어주시옵소
서. 주님, 저는 구원받아야 할 사람입니다. 저를 구원해주시옵소
서. 당신의 이름을 간구합니다." 이 시간 저와 함께 기도합시다. 제
가 여러분께 간청합니다. 제가 여러분께 기도할 바를 가르칠 때,
저와 함께 기도하시고 대신하여 고백하십시오. "주님, 저는 죄인
입니다. 당신의 진노를 받아 마땅합니다. 주님, 저는 저 자신을 구
원할 수 없습니다.…오 주님, 저 자신을 온전히 당신께 맡겨드립니

다. 당신의 사랑하는 아들의 피와 의를 신뢰합니다. 당신의 긍휼과 사랑, 능력을 그 안에서 드러난 대로 신뢰합니다. '누구든지 주의 이름을 부르는 자는 구원을 얻으리라'던 당신의 이 말씀을 제가 감히 붙듭니다. 주님, 오늘 밤 예수님을 인하여 저를 구원하시옵소서. 아멘."[2]

조지 휘트필드 역시 이와 같은 종류의 초청을 제시했다.[3] 존 번연은 그의 등장인물 중 하나인 "믿음"이 "소망"을 인도해 죄인의 기도를 올려드리도록 한 장면을 묘사했다.[4] 사도 베드로는 자신의 첫 설교에 대한 반응으로서 3천 명의 사람들에게 세례받을 것을 요청했다(행 2:38). 아나니아는 바울과의 첫 대화 이후 그가 죄 용서를 위해 하나님의 이름을 부르도록 이끌었다(행 22:16).

따라서 나는 우리가 복음을 제시하면서 결단을 요구하는 것에 찬물을 끼었으려는 것이 전혀 아니다. 내 말은, 무엇보다 우리가 구원을 위한 회개와 믿음의 절대적인 필요를 강조해야만 한다는 뜻이다.

또한 나와 같이 예수님을 그들의 마음에 수천 번씩 영접한 사람들에게는 "더 이상 예수님을 당신의 마음에 영접하지 말라"는 말과 함께 이미 다 이루신 그리스도의 사역을 의지하기 시작

구원이 주어지는 것은 당신이 어떤 기도를 올바르게
올려드렸기 때문이 아니라, 당신이 당신 영혼의 소망을
그리스도가 완수하신 사역에 두었기 때문이다.

하라는 말을 전하고 싶다. 구원이 임하는 것은 당신이 어떤 기도를 올바르게 올려드렸기 때문이 아니라, 당신이 당신 영혼의 소망을 그리스도가 완수하신 사역에 두었기 때문이다.

복음을 요약하는 문구들은 유익할 수 있지만, 어디까지나 모든 사람이 그것이 의미하는 바를 정확히 이해할 때만 그러하다. 그러나 미국에서 너무나도 많은 사람이 그들에게 구원의 증거가 없음에도 불구하고 어떠한 기도를 올려드렸기 때문에 자신의 구원을 확신하는 반면, 다른 많은 사람은 얼마나 자주 그 기도를 올려드렸든지에 상관없이 확신을 얻지 못한다는 사실을 고려할 때, 나는 지금이 그와 같은 약식 문구를 제쳐두고 단순히 하나님을 향한 회개와 그리스도가 완수하신 사역을 믿는 믿음에 의한 구원을 전파해야 할 때라고 믿는다. 아니면 적어도 복음에 대한 반응을 요구할 때 우리가 의미하는 바를 정확히 설명하는

데 주의를 기울여야 할 것이다.

앞에 놓인 길

여기서부터 우리가 갈 곳은 다음과 같다. 먼저 나는 확신이 너무나도 중요한 이유와, 하나님이 우리가 그것을 갖기 원하신다는 사실을 어떻게 알 수 있는지를 보일 것이다. 그러고 난 후 복음 메시지의 핵심, 즉 우리를 대신하신 그리스도의 대속 사역을 살펴볼 것이다. 그 이후에는 성경이 **믿음** 혹은 **회개**와 같은 단어로 무엇을 의미하는지를 자세하게 살펴볼 것이다. 더불어 만일 '한 번 받은 구원이 영원한 구원'이라면 성경은 왜 언제나 우리가 구원을 잃어버릴 수 있다고 경고하는지를 이해하고자 노력할 것이다. 그다음으로는 성경에서 우리가 정말로 믿음을 가졌다는 증거라고 이야기하는 것들이 무엇인지 생각해보고, 마지막으로는 우리가 지속적으로 의심할 때 어떻게 해야 할지를 생각해볼 것이다.

　내가 의도하는 바는 당신이 이 책을 다 읽었을 때 하나님이 당신을 어떻게 생각하시는지를 정확히 알게 되는 것이다. 내 소망은 당신의 확신을 과거에 올려드린 어떤 기도라는 찰나의 기억이 아닌, 하나님이 그리스도 안에서 단번에 주신 약속에 두게끔 하는 방법을 보여주는 것이다.

이 글을 읽으면서 당신은 이미 당신이 하나님께 기도했던 말들이 참된 회개와 믿음을 동반하지 않았다는 사실을 깨달았을 수도 있다. 수백만의 그리스도인들과 마찬가지로 당신은 어떠한 기도를 올려드렸지만 아직도 그분을 당신 삶의 주인으로서 모시고 복종하지는 않았다. 나는 당신이 우리가 이 여정을 시작하기 전, 지금 그것을 해결하기를 권면한다. 당신이 예수님을 진지하게 받아들일 준비가 되었다면 그분 역시 영원 전부터 당신을 위해 준비해두신 기쁨을 당신과 나눌 준비를 하고 계신다(렘 29:13).

2장

하나님은 우리가
확신하기를
원하시는가?

STOP

ASKING

JESUS

INTO

YOUR

HEART

하나님은 정말로 우리가 구원받았음을 확신하기를 원하시는가?

나는 그렇지 않다고 주장하는 사람들을 본 적이 있다. 이들은 이런 종류의 확신이 우리 입장에서는 순전한 오만이거나 아니면 건방짐이라고 생각한다. 뿐만 아니라 고용주가 직원들의 동기 부여를 위해 해고의 위협이나 상여금 지급을 사용하는 것과 마찬가지로 하나님도 우리가 마음속으로 구원에 대해 확신을 갖지 못하게 하심으로써 우리로부터 더욱더 많은 것을 얻으실 게 아닌가?

나는 하나님이 당신이 구원받았음을 확신하기를 원하신다고 자신 있게 말할 수 있다. 그분은 우리를 변화시키시고 격려하시고 동기를 부여하시는데, 이는 두려움의 불확실성이 아닌 사랑의 보증을 통해서다. 이것은 복음을 세상의 모든 다른 종교의 메시지들과 전적으로 구분시키는 것 중 하나다.

감히 말하지만 당신이 구원받았음을 확신하기까지 당신의

영적 생명은 정말로 결코 도약조차 할 수 없을 것이다. 당신이 그분의 것이고 그분이 당신의 것임을 알기 전까지 당신의 순종은 제한될 것이다. 당신의 사랑은 억압되고, 자신감은 흔들리며, 용기는 수그러들 것이다.

사랑의 확신을 통해서만 우리는 온갖 종류의 반대와 의심과 시험을 이겨낼 힘을 얻는다.

만일 당신이 하나님은 당신의 모든 것을 걸 만한 분임을 확신하지 못한다면 어떻게 적대적인 세상에 저항할 수 있겠는가? 자신의 부활을 확신하지 못한다면 어떻게 십자가를 질 수 있겠는가? 누군가 실제로 당신을 받아준다는 확신이 없는데 당신은 진정 어둠 속으로 기꺼이 뛰어들 수 있겠는가? 당신이 하나님께 속해 있다는 사실을 의심의 여지없이 아는 기쁨이 이 모든 것을 가능하게 한다.

자신의 부활을 확신하지 못한다면
어떻게 십자가를 질 수 있겠는가?

구원의 확신

무모한 순종

실제로 존재하는지 확신할 수조차 없는 대상을 위하여 모든 위험을 감수하기는 극도로 어렵다. 고등학교 시절 나는 취미로 암벽 등반을 했다. 어느 날 한 친구가 바위의 표면을 등반하는 대신 현수 하강(경사가 급한 사면을 밧줄을 이용해 내려가는 일—편집자 주)을 해보자고 제안했다. 나는 전혀 경험이 없었지만 그는 자신이 전문가라고 주장했다. 바보인 나는 그를 믿었다.

그날 우리 네 명은 산을 찾았다. 무슨 연유인지 내가 첫 번째로 자원을 했다. (전문가 친구가 첫 번째로 나서지 않았을 때 무언가 잘못되었다는 것을 알아챘어야 했다.) 우리는 내 등반 확보 줄을 나무에 둘러 묶었고 나는 등으로 몸을 지탱한 채 23m 높이에 서 있었다. 친구는 내게 "몸을 뒤로 젖히라"고 말했다. 이것을 한 번도 경험해보지 못한 독자들을 위해 그 순간 내 생각을 요약해본다면,

공황 상태였다.

뒤로 젖히라고? 자기도 이해하지 못하는 말을 남발하고 있

는 저 친구가 나무에 고정시킨 줄 하나만을 의지해 죽으려고 일부러 몸을 뒤로 젖히라고? (삶과 인격, 우정에 대한 내 견해는 그 몇 초 동안 대단히 성숙해졌다.) 내가 그 순간 현명하게 포기할 수도 있었겠지만 문제는 나의 남자다움이었다. (열여섯 살짜리에게 남자다움은 언제나 최우선 과제다.) 나를 비웃기 위해 친구들이 기다리고 있었다. 결정적 순간이었다. 남자를 만드는 것은 이러한 순간들이다. (분명히 말하자면 순교자를 만드는 것도 마찬가지다.)

나는 용기를 북돋으며 몇 초 동안을 서 있었다. 다시 한번 나는 예수님을 내 마음에 영접하는 기도를 올려드렸다. (농담이 아니다.) 결국 가톨릭이 옳을 경우를 대비해 이마에서 가슴으로 십자가도 그었다. (이것은 농담이다.) 그러고는 몸을 뒤로 젖혔다. 온전한 헌신. 모든 것을 걸었다.

줄이 나를 다시 지탱해주기를 기다리는, 10억분의 1초도 되지 않았을 그 시간이 영원처럼 느껴졌다. 줄이 나를 잡아주었을 때, 줄 하나와 얄팍한 나무 한 그루를 의지해 공중에 매달려 있던 나는 바위 표면과는 직각으로, 지면과는 평행으로 서 있었다. 친구가 말했다. "이제 뒤로 뛰어." 다시 한번 나는 가능한 모든 용기를 동원해 온 힘을 다해 바위에서 뛰어올랐다. 약 5cm를 도약했다. 다시 한번 뛰었을 때는 15cm. 그리고 1.2m. 그리고 나서는 3m. 몇 번의 점프 이후 드디어 육지에 설 수 있었다. 확신하건대 그 순간 나는 방언으로 말을 했다.

고등학교 시절 나와 가장 친했던 친구가 다음 순서였다. 그 역시 이것이 처음이었다. 이 친구에 대해 설명해보자면 그는 나보다 잘 생겼고, 몸이 탄탄했으며, 인기도 많았고, 이성들과도 잘 어울렸다. 나는 이 친구가 싫었지만 어쨌든 나의 가장 '친한 친구'였다. 언급하자면 그 역시 고소공포증이 있었다. 그가 듣고 있는 지시 사항이 23m 아래 나에게까지 들려왔다. 하지만 몸을 뒤로 젖혀야 할 때 그는 꼼짝도 하지 않았다. 두려움 속에서 떤 것을 제외한다면 말이다. 10분이 지났을까. 그는 마침내 한쪽 다리를 뻗었고 발 디딜 곳을 찾아 아래를 더듬기 시작했다. 한 곳을 찾았고, 그다음, 또 그다음을 찾았다. 한 번에 한 발짝씩 그는 천천히 바위 표면을 내려왔다.

물론 그것은 현수 하강이 아니었다. 하강 장비를 갖춘 암벽 등반이었다.

친구는 바위 표면이 상당 부분 함몰된 지점에 도착했고, 그것은 더 이상 어디에도 발을 디딜 수 없음을 의미했다. 그 지점을 통과하기 위해서는 바위를 모두 포기하고 줄에 의지해서 몸을 뒤로 젖혀야 했다.

그는 머뭇거렸다. 고심했다. 기도했다. 다시 올라갔다.

그는 자신의 온 체중을 그 줄에 의지해야만 지날 수 있는 바위의 한 지점에 도착했다. 그 줄에 대한 확신이 없었기 때문에 그는 그 지점을 지날 수가 없었다.

마찬가지로 예수님이 당신 영혼의 온 무게를 지지하시리라고 확신하기까지 영적으로 결코 지나지 못할 지점들이 있다. 우리가 감당해야 할 희생과 순종해야 할 명령 가운데는 우리가 그것들의 영원한 가치를 확신하기까지는 결코 감당하거나 순종할 수 없는 것들도 있다.

예수님을 따른다는 것은 결국 많은 것들에 대해 "아니오"라고 말하는 것이다. 십자가를 진다는 것은 자신을 죽음으로 데리고 가는 것이다. 자기 삶의 통제권의 죽음. 자기 자신의 꿈의 죽음. 자신이 가진 모든 것을 그분에게 내려놓는 것. 그러한 죽음은 오직 새 생명에 대한 확신으로만 가능하다.[1]

마찬가지로 예수님이 당신 영혼의 온 무게를 지지하시리라고
확신하기까지 영적으로 결코 지나지 못할 지점들이 있다.

구원의 확신

당신을 향한 그분의 철저한 헌신을 철저히 확신하기까지
당신은 결코 철저한 순종 속에서 당신의 삶을 포기할 수 없을 것이다.

부활을 소유했다는 확신이 있기까지 당신은 결코 십자가를 수용할 용기를 가질 수 없을 것이다.

그리스도 안에서 하나님이 당신에게 주신 무조건적인 긍정을 깨닫기까지 당신은 결코 죄를 거절할 능력을 가질 수 없을 것이다.

당신을 향한 그분의 철저한 헌신을 철저히 확신하기까지 당신은 결코 철저한 순종 속에서 당신의 삶을 포기할 수 없을 것이다.

바울이 고난과 박해에도 흔들리지 않은 이유 중 하나는 그가 하나님이 자신을 어떻게 생각하시는지 확신했기 때문이다. 그는 말했다. "이로 말미암아 내가 또 이 고난을 받되 부끄러워하지 아니함은 내가 믿는 자를 내가 알고 또한 내가 의탁한 것을 그날까지 그가 능히 지키실 줄을 확신함이라"(딤후 1:12).

더불어 당신을 향한 하나님의 사랑을 확신하지 못할 때, 순

종교는 우리에게 행위를 바꾸라고 명령하지만

우리의 마음을 변화시키지는 못한다.

종에 대한 당신의 동기는 부패할 것이다. 당신이 선한 일을 행하는 것은 하나님이 그것들 때문에 당신을 인정하시리라는 희망 때문이다. 이것은 사실 하나님을 향한 사랑이 아니다. 자기 보호다. 하나님이 당신을 이미 용납하셨다는 사실을 아는 확신만이 당신을 자유롭게 해서 하나님 때문에 하나님을 구하도록 만들어 줄 것이다. 그러한 확신을 떠나서는 노예의 주인처럼 하나님을 두려워할 수는 있어도 결코 아버지처럼 그분을 사랑하지는 못할 것이다. 참된 순종은 단순히 일련의 규칙들을 지키는 것 이상이다. 그것을 당신에게 명하신 분을 깊이 또 진심으로 사랑하기 때문에 그것들을 행하는 것이다.

종교는 우리에게 행위를 바꾸라고 명령하지만 우리의 마음을 변화시키지는 못한다. 올바른 것을 행하라고 말할 수는 있지만 올바른 것에 대한 사랑을 주지는 못한다. 복음과 그것이 생산하는 확신만이 우리 마음속에 올바른 것에 대한 열정을 창조하는데, 이는 오로지 복음만이 우리의 마음속을 깊숙이 침투해 그것의 뒤틀린 본성을 참으로 변화시키기 때문이다. 사도 바울은 우리가 우리 자신을 위한 그리스도의 희생의 영광에 압도될 때에만 우리 자신이 영광으로 **변화될** 수 있다고 했는데 이것은 하나님을 갈망하기 때문에 그분을 섬기고, 의를 사랑하기 때문에 의를 행하는 사람들의 영광이다. 또한 그는 성령의 열매들—사랑과 희락, 화평, 오래 참음, 자비와 같은—이 우리를 향한 하나님의 사랑을 확신하는 심령 안에서만 자란다고 이야기했다.[2]

　따라서 확신은 순종이나 영적 성장을 위한 동기를 억제하기보다 오히려 그것의 **연료**가 된다. 당신을 향한 하나님의 헌신에 대한 확신만이 당신으로 하여금 그분을 향한 당신의 헌신을 확신하게 할 것이다. 그분 안에서 당신이 무엇을 소유했는지를 아는 기쁨만이 당신으로 하여금 모든 것을 뒤로하도록 할 것이다. 당신을 향한 하나님의 사랑을 아는 것만이 당신 안에 하나님을 향한 사랑을 생산할 것이다.

자녀와 배우자, 그리고 친구

예수님은 제자들이 그들을 향한 예수님의 사랑을 확신하는 것이 얼마나 중요한지를 알고 계셨다. 돌아가시기 전 그들과 나눈 마지막 대화에서 예수님은 세 가지 비유를 사용하셨는데, 이것은 그들에게 자신이 얼마나 헌신했는지를 보여주시기 위함이었다. 그들은 이 땅에서 온갖 고난을 당할 것이었고 그분은 그들이 붙들 수 있는, 즉 그 환난의 때에 그들을 지탱해줄 무언가를 주기 원하셨다.[3]

그의 사랑하는 자녀

요한복음 14:18에서 예수님은 말씀하셨다. "내가 너희를 고아와 같이 버려두지 아니하고 너희에게로 오리라."

신실한 아버지는 자기 자녀들이 아버지가 그들을 사랑하는지 궁금해하도록 내버려 두지 않는다. 나는 여행을 떠나야 할 때 내 아이들에게 다음과 같이 말하지 않는다. "아빠는 곧 돌아올 거야…. 어쩌면 안 돌아올 수도 있어. 어쩌면 나는 너희 아빠가 아닌지도 몰라. 아빠의 진짜 가족은 다른 어느 곳에 살고 있을지도 모르지. 아빠가 돌아올지는 너희가 기다려보는 수밖에

구원의 확신

없어. 내가 없는 동안 가만히 앉아 아빠가 지금 한 말에 대해 생각해보고 어떻게 하면 더 나은 아이들이 될 수 있을지 고민해보도록 해."

이것으로는 내 아이들 안에 사랑과 충성을 생산해낼 수 없다. 두려움을 기초로 한 약간의 순종을 생산해낼 수는 있겠지만, 두려움을 기초로 한 순종이 아버지에 대한 혐오와 반항으로 뒤바뀌는 것은 시간문제다. 나도 내 아이들이 자신이 고아일지도 모른다는 두려움을 갖지 않기를 원하는데 하나님은 오죽하실까?

정말로 우리가 자녀들에게 하나님이 우리에게 그러하신 것보다 더 나은 아버지일 거라고 생각하는가? 그렇지 않다. 우리를 위한 하나님의 사랑은 우주에서 가장 높은 사랑이다. 예수님은 다음과 같이 말씀하셨다. "아버지께서 나를 사랑하신 것 같이 나도 너희를 사랑하였으니"(요 15:9). 예수님은 성부 하나님이 자신을 사랑하셨던 것 같이 우리를 사랑하시고 우리가 하나님에 대해 자신이 가지셨던 것과 동일한 확신을 갖기 원하신다.

생각해보라. 온전하신 성부가 온전하신 성자를 향해 품으셨던 것과 동일한 사랑이 우리의 영존하시는 아버지 그리스도께서 지금 우리를 위해 품고 계시는 사랑이다.[4] 나는 이것이 잘 이해되지 않는다. 하지만 만일 성자께서 자신과 아버지와의 관계에 대해 서성이며 궁금해하지 않으셨다면 나 역시 그분과의 관계를 두고 걱정할 필요가 없다. 당신이 그리스도인이 되었을 때 당신은 실제 그리스도 안에, 그리스도는 당신 안에 놓였으며, 그리스도가 아버지로부터 결코 쫓겨나실 수 없는 것처럼 당신도 그렇게 될 수 없다.[5] 확신이라는 것이 실제로 있다면 이것이야말로 확신이다.

그의 정혼자

같은 대화 속에서 예수님은 제자들에게 다음과 같이 이르셨다.

> 너희는 마음에 근심하지 말라. 하나님을 믿으니 또 나를 믿으라. 내 아버지 집에 거할 곳이 많도다. 그렇지 않으면 너희에게 일렀으리라. 내가 너희를 위하여 거처를 예비하러 가노니 가서 너희를 위하여 거처를 예비하면 내가 다시 와서 너희를 내게로 영접하여 나 있는 곳에 너희도 있게 하리라(요 14:1-3).

이 구절들 속 예수님의 언어가 유대인들의 혼인 심상으로 가득하다고 지적한 이들이 있다. 예수 시대의 젊은 구혼자는 자신이 사랑하는 사람의 집에 찾아가 연회를 베풀고 그녀에게 청

혼한다. 그녀가 청혼을 받아들일 경우 그는 자신의 아버지 집으로 돌아와 가족의 거주 공간에 부속된 방을 짓기 시작한다. 이들의 '거처'가 완성되면 그는 그녀를 데리러 돌아간다. 방을 지으러 떠나기 전 그는 자신이 돌아올 것을 약속했을 것이다.[6]

그는 그녀가 걱정하기를 원하지 않는다. 걱정은 의심으로 이어질 것이고 의심은 그녀로 하여금 다른 구혼자들의 구애에 마음을 열게 할 것이다. 그는 다른 남자의 추파에 흔들리지 않을 만큼 그녀의 확신이 강력하기를 원한다.

내가 아내와 약혼했을 때 그녀는 버지니아 대학교의 학생이었고, 나는 노스캐롤라이나주에 위치한 신학대학원을 다니고 있었다. 우리에게 가장 어려웠던 일은 매 주말 작별 인사를 고하고 따로 떨어져 한 주간의 수업을 감내하기 위해 각자의 집으로 돌아가는 것이었다. 나는 그녀가 내가 정말로 자신을 사랑하는지에 대해 의심하기를 절대로 원치 않았다. 만일 의심한다면 그녀가 다른 남자들의 구애에 마음을 열 수도 있었을 것이다. 따라서 약혼 기간 동안 나는 무엇도 내가 그녀와 결혼하는 것을 막을 수 없다고 그녀에게 지속적으로 확신시켰다. 그것을 증명하기 위해 나는 실제로 그녀의 손가락에 제법 큰 다이아몬드 반지를 끼워주었다. 내가 그녀를 위해 돌아가지 않는다면 반지는 그녀의 소유라는 사실을 나와 그녀 모두 알고 있었다. 따라서 그녀는 자신을 향한 내 헌신에 대해 어떠한 의심도 없이 버지니아에서의 시간을 보낼 수 있었다.

이와 같은 확신은 그녀에게 평화뿐 아니라 힘을 주었다. 자신이 내 안에 무엇을 가지고 있는지를 안 까닭에 그녀는 다른 남자들의 주목에 관심을 두지 않았다.

예수님은 자신이 사랑하시는 우리에게 동일한 확신을 주신다. 그분이 우리에게 혼인의 언어로 말씀하시는 것은 우리가 신랑을 기다리는 신부의 확신을 갖도록 하시기 위함이다. 그런 확신 안에서만 우리는 죄의 유혹을 거절할 수 있다.

그의 친구

마지막으로 요한복음 15:15에서 예수님은 제자들을 자신의 친구라 부르신다.

이제부터는 너희를 종이라 하지 아니하리니…너희를 친구라 하였노니.

당신은 가장 친한 친구들이 그들에 대한 당신의 의리를 의심하기 원하는가? 우정의 가장 위대한 양상은 그것에 동반되어 오는 안정감이다. 그들 주변에서 당신은 당신의 있는 그대로의 모습일 수 있고 그들이 당신의 확신을 배반하거나 당신을 버릴지도 모른다는 염려 없이 속마음을 털어놓을 수 있다. 당신 삶의 가장 연약한 부분이라도 그들이 그것을 유린할 것이라는 두려움 없이 공개할 수 있다. 그런 지점에 도달하기까지 그것은 진실한 우정 아니 적어도 유쾌한 우정은 아니다. 참된 우정은 보증과 신뢰 속에서만 자란다.

나의 신뢰를 깬 몇몇 친구들이 있었다. 나는 이들이 내 평판을 보호하고 있는지 훼손하고 있는지를 한 번도 확신할 수가 없었다. 우리는 친구 관계를 오랫동안 유지하지 못했다. 나와 가장 깊은 유대감을 형성했던 친구들은 내가 내 생명을 맡길 수 있음을 알았던 이들이었다.

예수님 역시 우리가 우리를 향한 자신의 우정을 확신하기를 원하신다. 그분은 말씀하셨다.

사람이 친구를 위하여 자기 목숨을 버리면 이보다 더 큰 사랑이 없나니(요 15:13).

우정에 대한 그분의 헌신은 우리 것보다 못하지 않다. 무한히 낫다! 당신을 배반했거나 당신의 어떠한 점을 발견하고 결국은 당신을 거절했던 친구가 있을 수 있다. 예수님은 결코 그러지 않으실 것이다. 그분은 처음부터 모든 것을 아셨고 그럼에도 우리를 선택하셨다(요 15:16). 우리가 최악의 면모를 예수님께 드러낸다 해도 그분은 우리를 대신하여 우리의 수치는 물론 그 결과까지도 담당하신다. 우정이 이보다 더 안전할 수는 없다.

이 세 가지 이미지는 하나님이 우리가 확신을 갖기를 원하신다는 사실을 분명히 보여준다. 이보다 더 친밀하고 귀중한 관계를 선택하기란 불가능하다. 우리는 그분의 자녀이고, 신부이고, 친구다.

같은 맥락에서 그분은 그 확신 안에 거하라고 우리에게 말씀하시는데,[7] 이것은 우리가 오로지 그분 안에 거할 때—즉 그 확신 안에서 **안식할** 때에만—우리 안에 의의 열매가 자랄 것이기 때문이다.

위험한 의심의 고리

복음을 제외한 모든 종교적 메시지는 순종을 강요하기 위해 의심과 불확실성을 사용한다. 하지만 하나님은 단순히 우리의 순종을 원하시는 것이 아니다. 그분은 **전혀 새로운 종류의 순종**, 즉 갈망이 동기가 되는 순종을 원하신다.[8] 그래야만 하기 때문이 아니라 그러고 싶어서 하는 순종 말이다.

마르틴 루터 시대의 국교는 사람들의 반항에 대해 가혹한 징벌로 위협할 때에만 이들이 순종할 것이라고 믿었다. 루터는 이것을 "위험한 의심의 교리"[9]라며 나무랐다. 그의 말에 따르면 심판을 두려워하는 것은 분명 율법을 표면적으로는 고수하게 하겠지만 그와 같은 얄팍한 순종의 표면 아래로는 두려움과 교만, 사리사욕이 흐를 것이다. 하나님을 향한 참된 사랑을 개발하는 유일한 길은 두려움을 제거하는 것뿐이다. 사도 요한이 이야기했듯, 우리를 향한 하나님의 위대한 사랑이 우리 안에 하나님을 향한 사랑을 만들어낸다.[10]

이와 비슷하게 17세기 영국 국교회의 지도자들은 『천로역정』의 저자 존 번연을 감옥에 가두었는데, 그가 죄인을 향해 거저 주시는 하나님의 은혜의 복음을 전파했기 때문이었다. 이들은 형벌의 두려움이 제거될 때 사람들이 자신이 원하는 것을 무엇이든 하며 제멋대로 날뛸 것이라고 주장했다. 번연은 다음과 같이 대답했다. "사람들이 만약 그리스도께서 형벌의 두려움을 스스로 취하심으로써 그것을 자신들로부터 제거하셨다는 사실을 정말로 이해한다면, 이들은 자신이 원하는 것을 무엇이든 하기보다 **그분이** 원하시는 것을 무엇이든 할 것입니다."[11]

하나님의 은혜의 복음은 우리 안에 순종하고자 하는 **갈망**을 창조한다. (현재 모두 열 살 미만인) 내 아이들 넷은 내가 여행 중일 때마다 그들을 무척 그리워한다는 사실을 알고 있다. 따라서 내가 귀가할 때 이들은 차고 문이 열리는 소리가 들리자마자 밖으로 달려 나와 운전석 문을 열고 차 안으로 난입해 내 무릎을 기어오르며 말한다. "아빠, 이번 여행에서는 뭘 사 오셨어요?" 그러나 내가 자신들에게 화가 나 있다거나 내 기분이 언짢다고 생각할 때는 나를 피해 내가 없는 방에서 놀기를 좋아한다. 내 명령에 문자 그대로 순종할 수는 있겠지만 나를 가까이하려고 하지는 않는다.

이것은 하나님과의 관계에서도 마찬가지다. 그분이 우리를 소중히 여기신다는 사실을 알 때 우리는 그분과 가까워지기를 원한다. 두려움은 비록 우리가 그분의 명령에 순종한다고 해

하나님은 단순한 노예의 섬김이 아니라

아들의 친밀함을 원하신다.

도 우리로 하여금 그분과 멀어지게 한다. 하나님은 단순한 노예의 섬김이 아니라 아들의 친밀함을 원하신다.

우리는 어떻게 자녀와 신부, 친구의 확신을 찾을 수 있을까?

우리가 소중한 자녀와 사랑하는 신부 그리고 아끼는 친구의 확신을 갖기를 원하시는 하나님의 의도에도 불구하고 이것은 여전히 우리 중 일부를 비껴가는 듯하다.

　　사도 요한이 교회로 보낸 자신의 첫 번째 서신에서 신자가 자신에게 영생이 있음을 어떻게 **알 수 있는지**를 다룬 것도 아마 이러한 이유 때문일 것이다. (이것은 요한에게 매우 중요한 문제였음이 틀림없다. 그는 우리가 앞서 살펴본 세 가지 비유를 기록했고 자신의 첫 번째 서신의 주제를 교회에 확실히 했다.) 그는 다음과 같은 말로 그 서신을 마무리했다.

내가 하나님의 아들의 이름을 믿는 너희에게 이것을 쓰는 것은 너희로 하여금 너희에게 영생이 있음을 알게 하려 함이라(요일 5:13).

알게 하려. '소망하게' 하려가 아니다. '적당히 확신하게' 하려도 아니다. '알게' 하려다. 그는 우리가 어떻게 안다고 이야기하는가?

하나님의 아들을 믿는 자는 자기 안에 증거가 있고 하나님을 믿지 아니하는 자는 하나님을 거짓말하는 자로 만드나니 이는 하나님께서 그 아들에 대하여 증언하신 증거를 믿지 아니하였음이라. 또 증거는 이것이니 하나님이 우리에게 영생을 주신 것과 이 생명이 그의 아들 안에 있는 그것이니라. 아들이 있는 자에게는 생명이 있고 하나님의 아들이 없는 자에게는 생명이 없느니라(요일 5:10-12).

이 구절에서 요한은 확신의 두 가지 요소를 찾아낸다.

1. **영생에 대한 증거를 믿는 것.** 요한은 요한복음에서만

'믿다'라는 단어를 90회 사용한다. 그는 믿는 자에게는 영생이 있다고 이야기한다.[12] 그 증거를 믿는 것이 우리로 하여금 우리에 게 영생이 있음을 확신하도록 한다.

2. **우리 안에서 역사하는 영생의 증거.** 영생은 단순히 우리가 죽어서야 들어가는 실재가 아니다. 그것은 오히려 현재 우리 안으로 들어오는 것으로서 이것의 증거는 모든 곳에 나타난다. 이러한 증거를 보는 것이 우리 안에 영생이 있음을 확신하도록 한다.

이어지는 장들을 통해 우리는 이 두 가지 요소를 살필 것이다.

소중한 자녀와 사랑하는 정혼자 그리고 아끼는 친구의 확신이 우리를 기다리고 있다. 그러니 이제 우리가 탐구할 내용을 이해할 지혜와 그것으로 들어설 믿음을 예수님께 구하는 것은 어떨까?

3장 ——————————

나를 대신하신 예수

STOP

ASKING

JESUS

INTO

YOUR

HEART

내 대학 생활 첫 해는 많은 친구들과 좋은 학교, 좋은 성적, 꽤나 유망한 미래에 대한 기대에도 불구하고 내 인생에서 최악의 해였다. 구원받았는가의 문제가 나를 절망으로 몰아넣고 있었다. 당시 나는 이미 두 번의 침례를 받았지만 내 구원의 문제는 해결될 기미가 보이지 않았다.

나는 수많은 금요일 밤을 책상 앞에 앉아 회개와 믿음에 관한 다양한 구절들이 정말로 의미하는 바를 이해하기 위해 난해한 주석들을 샅샅이 뒤졌다. 그리고 성경의 상당 부분을 암송했다. 복음에 대한 미묘한 어감 혹은 신약의 구절들을 해결하기 위해 그리스어를 공부했다. 나는 기도했고 금식했다. 서원도 했다. 목사님들과 교수님들, 친구들과도 이야기했다. 찰스 라이리 (Charles Ryrie, 세계적인 조직신학자로, 달라스 신학교에서 정년퇴임할 때까지 조직신학을 가르쳤고 수많은 책을 저술하였다―옮긴이 주)를 인터뷰하기도 했다. 산속으로 들어가 하나님께 소리도 질렀다.

나는 내가 지옥을 향해 나아가고 있을지도 모른다는

두려움을 떨쳐낼 수가 없었다.

'왜 하나님은 내게 확신을 주지 않는 걸까? 왜 숨기시는 걸까? 나를 구원하지 않기로 예정하셨기 때문에 내가 확신을 얻지 못하는 걸까? 아니면 내가 확신을 얻도록 하시기 전 그분에게—선교지로 나간다거나 가난하게 산다거나 하는 등의—약속을 하기를 기다리시는 걸까? 내 죄를 벌하고 계신 걸까?'

어느 날은 하나님께 너무나도 화가 나서 왜 나를 개로 만들지 않으셨냐고 물었는데, 개로 태어났다면 최소한 지옥에 갈까 봐 염려하지 않아도 되는 까닭이었다. 때로는 눈물을 흘리며 구원의 확신만 주신다면, 누구보다도 훌륭한 최고의 그리스도인이 되겠다고 간청하기도 했다.

하지만 내가 무엇을 하든, 어떠한 약속을 하든, 몇 번에 걸쳐 예수님을 나의 마음으로 영접하든 나는 내가 지옥을 향해 나아가고 있을지도 모른다는 두려움을 떨쳐낼 수가 없었다.

어떤 이들에게 이것은 거의 편집증적인 이상함으로 비칠

구원의 확신

것이다. 하지만 당신이 천국과 지옥을 정말로 믿는다면 자신이 둘 중 어느 곳을 향하고 있는지를 아는 것에 대해 어떻게 필사적이지 않을 수 있겠는가? 그해 연말이 다가올 때 내가 내린 결론은 이것을 정말로 아는 것이 불가능하다는 것이었다. 나는 무엇을 해야 할지 알 수 없었다. 어두운 먹구름과 같은 절망이 내 마음에 드리워지는 것이 느껴졌다.

하지만 수도사 같은 내 행동은 내게 말씀에 대해 '진지한' 학생이라는 평판을 안겨주었다. 나는 밖으로 나가 즐거운 시간을 보내기에는 기도하고 성경을 공부하느라 너무나도 바쁜 사람이었다. 1학년을 마쳐갈 때 동북부에서 열리는 대규모의 기독청소년 사역 단체인 생명의말씀 기독캠프의 책임자가 나를 찾아왔고, 여름 동안 자신의 카운슬러 대표들 중 하나로 섬겨달라는 부탁을 해왔다. 나는 그러고 싶었지만 자신의 구원도 확신하지 못하는 사람이 어떻게 다른 이들의 영혼을 돌보는 일을 맡을 수 있을지 의문이 들었다.

마이크는 자신에게 쏟아놓는 나의 내적 투쟁을 인내심 있게 들어주었다. 나는 그에게 그러한 이유로 그 일을 맡을 수 없다는 내 생각을 이야기했다. 그는 조용히 요한복음 3:36을 펼친 다음 그것을 자신에게 큰 소리로 읽어달라고 부탁했다.

아들을 믿는 자에게는 영생이 있고 아들[을 믿지] 아니하는 자는 영생을 보지 못하고 도리어 하나님의 진노가 그 위에 머물러 있느니라.

그는 물었다. "이 구절에서 몇 가지 범주의 사람들이 보이지?"

"둘이요." 나는 대답했다.

"무엇이지?"

"믿는 자들과 믿지 않는 자들이요."

"그러어, 너는 어떤 사람이니?"

마이크는 우리가 예수 그리스도를 향해 취할 수 있는 자세에는 오직 두 가지가 있을 뿐임을 보여주었다. 우리는 '믿거나' 믿지 않는다.[1] 요한복음 3:36의 좀 더 문자적인 번역은 이 구절의 두 가지 범주를 '그분을 믿는 자'와 '그분께 순종하지 않는 자'로 제시한다.[2] '믿음'과 '순종'의 교차적인 사용은 믿음과 순종이 어떤 면에서 동의어임을 보여주기 때문에 유익하다. 우리는 예수님이 자신이 하셨다고 말씀하신 것, 즉 우리 죄의 대가를 전부 지불하셨고, 그것을 영원히 해결하셨으며, 그 이후 믿음에 따라 우리의 삶을 재조정하셨음을 믿도록 명받았다. 우리가 믿

구원의 확신

는다면 우리는 순종할 것이다. 순종하지 않는다면 믿지 않는 것이다.

요한복음 3:36이 사실이라면, 지금 당신은 예수 그리스도를 믿는 복종의 상태이든지 믿지 않는 반항의 상태에 있다. 내가 들인 모든 시간과 에너지에 비해 대답은 믿기 어려울 정도로 단순했다. 우리는 아들을 믿거나 믿지 않는다.

요한은 첫 번째 서신의 말미에서 우리에게 영생이 있는지의 여부는 하나님이 예수님의 사역에 대하여 주신 "증거"를 우리가 믿는지에 달려 있다고 이야기했다. 다시 한번 두 가지 선택만이 존재하는데, 그것을 믿든지 아니면 하나님을 거짓말하는 자로 선언하든지 하는 것이다(요일 5:10).

증거

요한이 언급한 "증거"에는 몇 가지 중요한 요소들이 있다. 요한은 말한다.

또 증거는 이것이니 하나님이 우리에게 영생을 주신 것과 이 생명이 그의 아들 안에 있는 그것이니라(요일 5:11).

영생은 우리가 우리 자신 안에 가진 무엇이 아니기 때문에 하나님이 예수 안에서 그것을 우리에게 주셔야 했는데, 이것이 증거다. 따라서 증거를 믿는다는 것은 가장 먼저 우리 안에 생명은 물론 우리 스스로 그것을 바꿀 가능성이 없다는 사실을 인정하는 것을 의미한다.

만일 우리가 죄가 없다고 말하면 스스로 속이고 또 진리[증거라고 읽어보라]가 우리 속에 있지 아니할 것이요.…만일 우리가 범죄하지 아니하였다 하면 하나님을 거짓말하는 이로 만드는 것이니 또한 그의 말씀[증거라고 읽어보라]이 우리 속에 있지 아니하니라(요일 1:8, 10).

만일 우리가 우리 안에 영적인 생명이 있다고—즉 우리가 하나님의 용납을 받기에 마땅하다거나, 좀 더 노력하기만 한다면 하나님의 인정을 얻을 만큼 선할 수 있다거나, 하나님이 우리가 최선을 다하고 있다는 사실을 아시고 우리의 선한 의도를 용납해주실 것이라—생각한다면 우리는 예수님의 불가결성에 대

구원의 확신

한 하나님의 증거를 거절하고 그분을 거짓말하는 이라고 부르는 것이다. 증거는 우리가 절망적으로 악하고, 영적으로 죽어 있고, 하나님의 개입을 떠나서는 소망이 없다는 것이다.

전 생애를 자신이 결코 무가치하지 않다는 사실을 증명하는 데 사용해온 우리에게 자신의 무가치함과 무능을 참으로 인정하기란 어려운 일이다. 대부분의 사람이 자신이 실수를 범하고 완벽하지 않다는 사실은 인정할 것이나, 훨씬 적은 수의 사람들만이 거기서 더 나아가 자신의 '실수'가 자신을 영생에 합당하지 못한 자, 완전한 정죄에 합당한 자로 만든다는 사실을 인정하는 데까지 나아갈 수 있을 것이다. 우리는 우리의 실수가 그렇게까지 나쁘지 않으며, 마음속 깊은 곳에서는 우리가 여전히 꽤 선한 사람이라고 믿고 싶어 한다.

이것은 우리가 우리 죄의 '악함'을 경시하는 방법에서 볼

전 생애를 자신이 결코 무가치하지 않다는 사실을
증명하는 데 사용해온 우리에게 자신의 무가치와 무능을
참으로 인정하기란 어려운 일이다.

수 있다. 우리는 우리의 죄를 '실수', '판단 착오' 혹은 '무분별한 행동'으로 묘사한다. 우리는 자신이 완벽하지 않다는 사실을 인정하지만 마음 깊은 곳에서는 자신이 여전히 선하고 괜찮은 사람이라고 주장한다. 따라서 우리에게는 좋은 것들—예로 괜찮은 보수와 존경, 인정—이 마땅하고 그것에 도전하는 사람과는 누구라도 싸울 것이다.

만약 이것이 사실이라면, 하나님은 거짓말쟁이다.

증거를 믿는 것은 하나님 앞에서 당신에게는 어떠한 명예도 '합당치 않다'는 사실을 인정하는 것을 의미한다. 당신의 죄는 정말로 그만큼 악하다. 하나님은 당신을 가장 위대한 신분과 특권을 가진 존재로 창조하셨고, 당신은 그분을 거절했다. 당신은 그분보다 당신이 당신 자신에게 더 나은 신이 될 것이라 생각했다. 나쁜 친구들과 어울렸기 때문에 죄를 짓기 시작한 것이 아니다. 당신이 나쁜 친구였다. 당신은 자신과 비슷한 부류와 어울렸을 뿐이다. 당신이 죄를 선택한 것은 하나님보다 그것을 더 좋아했기 때문이다. 누구도 당신에게 죄를 가르쳐주지 않았다. 그것은 자연스럽게 들어왔다. 다윗 왕의 고백처럼 당신은 죄악 중에서 출생하였다(시 51:5). 어떠한 자격이나 예외도 없이 당신에게는 하나님의 진노만이 마땅하다.

　　　　　　　　　　　　　　　　구원의 확신

증거를 믿는 것의 시작은 당신 안에는 영생에 합당한 무엇도 더 이상 남아 있지 않다는 사실을 인정하는 것이다. 여기서 증거가 끝나지 않는다는 사실에 감사하라. 증거는 이제 시작이다.

[우리가 우리 죄를 인정하면]…아버지 앞에서 우리에게 대언자가 있으니 곧 의로우신 예수 그리스도시라. 그는 우리 죄를 위한 화목제물이니 우리만 위할 뿐 아니요 온 세상의 죄를 위하심이라(요일 2:1-2).

하나님은 우리의 죄에 대해서뿐 아니라 자신의 은혜에 대해서도 증거하셨다. 그분의 말씀에 따르면 그분은 세상을 이처럼 사랑하셔서서 우리가 자신을 위해 스스로 할 수 없는 것을 우리 대신 해주셨다. 육체를 입으신 예수님은 우리가 살아야만 했던 삶을 사셨고, 우리가 선고받아 죽어야 했던 죽음을 죽으셨다. 그렇게 하심으로써 그분은 우리의 죽음을 영원히 제거하셨다.

대언자는 재판관 앞에서 당신을 대신하여 당신의 사건을 변호하는 사람을 일컫는 법률 용어다. 하나님이 우리의 죄를 위하여 주신 대언자는 '의로우신 예수 그리스도'시다.

보통 대언자는 당신이 무죄라고—혹은 정상을 참작하여 당신이 처벌받지 말아야 한다거나, 당신의 보편적인 훌륭한 인격이 다른 곳에서 드러난다고—주장한다. 요한에 따르면 우리의 대언자는 그렇지 않다. 그는 결코 우리의 선함을 주장하지 않으신다. 그는 우리를 대신한 자신의 의를 주장하신다.

화목제물은 어떠한 요구가 만족되었다는, 혹은 문자 그대로 하면 '진노가 흡수되었다'는 뜻이다. 예로 당신이 교통사고를 내 다른 사람의 차에 수백만 원 상당의 손해를 입혔다면 당신이 그 손해를 배상하기 전까지 문제는 해결되지 않을 것이다. 손해가 배상되어야만 상대방은 '진정'될 것이다. 요구한 전액이 지불되어야 더 이상의 요구가 없다.

예수님은 우리를 대신하여 모든 형벌을 당하심으로써 우리 죄에 대한 하나님의 거룩한 진노를 진정시키셨다. 예수님은 우리의 가치를 주장하지 않고 자신의 대속을 주장하신다. 우리에게는 용서가 합당하지 않으나 그분은 우리를 용서하기에 합당하시다.

우리에게는 용서가 합당하지 않으나
그분은 우리를 용서하기에 합당하시다.

요한1서 1:9에서 요한은 예수님이 "**미쁘시고 의로우사** 우리 죄를 사하신다"고 말한다. 요한이 하나님이 '자비하시고', '인자하사' 우리 죄를 사하신다고 이야기하지 않았다는 사실에 주목하라. 이것은 우리를 향한 하나님의 용서의 기초가 자비가 아닌 공의이기 때문이다. 예수님은 우리 죄의 모든 대가를 지불하셨고, 그 결과 조금의 심판도 남아 있지 않다. 하나님이 그리스도인들의 죄로 인해 이들을 비난하시는 것은 같은 죄에 대하여 두 번의 대가를 요구하시는 것이기 때문에 불의하다. 당신의 배우자가 전기세를 지불했는데도 불구하고 전기 회사가 똑같은 고지서를 당신에게 보냈다면 당신은 그 불의에 마땅히 이의를 제기할 것이다. 마찬가지로 하나님이 신자에게 그의 죄에 대한 처벌을 조금이라도 요구하시는 것은 똑같은 죄에 대하여 두 번의 처벌을 요구하시는 것이다. 예수님은 하나님의 심판을 전부 당하셨다. 내게 남아 있는 것은 용납되는 일뿐이다.

예수님은 하나님의 심판을 전부 당하셨다.

내게 남아 있는 것은 용납되는 일뿐이다.

나를 대신해 하나님 앞에서 자비 혹은 관용을 간청하시는 예수님을 떠올릴 때 나는 위안을 얻지 못했다. 나는 산더미 같은 사건 서류들을 들고 하늘 법정으로 들어가시는 예수님을 상상했고 예수님은 그중 '그리어'라고 표시된 서류를 꺼내 다음과 같이 말씀하셨다. "네, 아버지, 이번에도 그리어입니다. 그에게 한 번의 기회를 더 주실 수 있으신가요? 그는 정말로 착한 아이입니다. 네? 제발요. 아, 아버지께서 제게 진 빚이 있지 않으십니까? 제가 세상에 가서 아버지를 위해 그 모든 일을…." 마음 깊은 곳에서 나는 내가 언제 하나님의 인내의 끝에 도달할 것인지, 그러니까 언제 내가 일흔 번씩 일곱 번을 넘어서는 491번째 죄를 짓고 아버지께서 다음과 같이 말씀하실지가 염려됐다. "됐다. 그리어에게는 더 이상의 관용이 없다. 예수, 네가 그의 편에 서 있다고 해도 안 된다. 그는 이 대가를 지불해야 한다."[3]

하지만 예수님은 나를 대신하여 하나님께 자비를 호소하지 않으신다. 공의를 호소하신다. 그분은 나를 상대로 한 모든 요구를 만족시키셨고 지금 아버지에게 이렇게 말씀하고 계신다. "아버지 이 죄를 위한 대가를 제가 전부 치렀습니다. 그가 제게 합당한 칭찬을 얻을 수 있도록 그에게 합당한 처벌을 제가 받았습니다. 그에게 이 죄에 대한 책임을 묻지 않으시는 것이 옳습니다."[4]

구원의 확신

이것이 바로 그리스도 안에 거하는 우리가 하나님 앞에서 갖는 확신이다. 우리는 우리가 용서받았기를 소망하지 않고 그것을 아는데, 이는 하나님 앞에서의 우리 지위가 우리의 가치와는 무관하며 지금 우리를 대신하여 서 계신 대언자의 가치와 관련되어 있기 때문이다.

대부분의 사람들은 자신이 하나님의 인정을 얻고 그분의 최고 목록에 오를 만큼 선하기를 소망한다. 이들은 자신의 죄가 비교적 그렇게 악하지 않다고 생각한다. 하나님이 상대 평가를 하시는 한 괜찮을 것이다. 하지만 이것은 하나님이 예수님에 대하여 주신 증거를 정면으로 반박한다. 우리가 충분히 선했다면 예수님이 정말로 돌아가셔야만 했을까? 어떤 하나님이 또 다른 길이 있는데도 예수님을 죽게 하셨을까?[5]

외상으로 용서를 사려는 사람들도 있다. 이들은 하나님이 가장 최근에 자신이 범한 죄를 용서해주시면 앞으로 선한 일을 통해 그것을 갚겠다고 이야기한다. 증거에 따르면 우리는 하나님의 용서를 얻을 만큼 결코 선할 수 없다. 하나님은 우리가 무엇을 행할 것인가가 아니라 예수님이 무엇을 행하셨는가에 기초하여 우리를 용서하신다.[6]

자신이 죽으면 이제껏 지은 죄의 잔여 금액을 모두 지불할 수 있는 장소인 연옥에 갈 것이라고 믿는 사람들도 있다. 이 것 역시 증거를 거스르는 것이다. 그리스도의 사역이 그분의 말씀처럼 완성되지 못했는가?[7] 우리가 정말로 약간의 고난을 더해 그분의 고난을 완성해야 하는가?

죄인들에게는 한 가지 소망이 있는데 바로 이미 다 이루신 그리스도의 사역이다. 우리는 그것에 더할 필요가 없고 노력한다고 해도 그럴 수 없다. 증거를 믿는 것은 하나님이 우리를 대신하여 이미 다 이루신 그리스도의 사역에 대해 말씀하신 바를 받아들이는 것이다. 우리는 너무나도 악해 그분이 우리를 위하여 돌아가셔야 했으며 그분은 너무나도 자애로우셔서 기꺼이 죽으셨다. 우리가 회개하며 그것을 믿을 때 우리는 영생을 얻는다.

우리는 너무나도 악해 그분이 우리를 위하여 돌아가셔야 했으며

그분은 너무나도 자애로우셔서 기꺼이 죽으셨다.

구원의 확신

우리의 대제사장, 예수

구약의 예언자 스가랴는 예수님이 이 땅에 태어나시기 500년 전의 기록을 통해 예수님의 속죄 사역이 우리에게 제공하는 보증의 놀라운 그림을 보여준다. 스가랴는 여호수아라는 대제사장이 하나님의 임재로 막 들어서는 환상을 보았다.

약간의 배경을 설명하자면 대제사장은 매년 속죄일을 기념하여 제물을 드렸다. 그는 하나님의 임재가 머무는 유대 성전 안 지성소라는 장소로 들어갔다. 하나님의 영광은 그곳 안에 있는 언약궤 위, 그중에서도 그 위로 솟아 있는 그룹이라 불리는 두 천사의 형상 사이에 머물렀다. 지성소는 두터운 휘장에 의해 성전의 다른 곳들로부터 분리되어 있었고 일 년에 한 번 가장 높은 대제사장만이 그곳에 들어갈 수 있었다.

속죄일에 대제사장은 그곳에 들어가 정결한 짐승 제물의 피를 언약궤 위에 뿌려 이스라엘 사람들의 죄를 향한 하나님의 분노를 진정시켰다. 대제사장은 그날 지성소로 들어가기 위해 꼼꼼한 준비를 해야 했는데 그가 들어서는 곳이 바로 하나님의 임재이기 때문이었다. 레위기에 따르면 어떤 더러움이 발견될 경우 그는 하나님의 임재 앞에서 목숨을 잃었다. 일부 전통에 따르면 작은 종이 그의 옷자락 끝에 달렸고 발목에는 줄이 매어졌는데 이는 그가 죽임을 당할 경우 그들이 하나님의 임재에 노출되지 않고 그의 시체를 끌어낼 수 있도록 하기 위해서였다(마지막 부분은 전설일 수도 있다).[8]

구약 학자 레이 딜라드는 이 순간까지 이어지는 진지한 과정을 다음과 같이 묘사했다.

속죄일 일주일 전, 대제사장은 집을 떠나 혼자만의 장소로 들어갔다. 부지불식간에라도 부정한 것을 만지거나 먹지 않기 위함이었다. 대제사장은 깨끗한 음식만 먹으며 몸과 마음을 정결하게 유지했다. 속죄일 전날 밤에는 침소에 들지 않고 밤새 기도하며 하나님 말씀을 읽었다. 그렇게 영혼이 정결해지면 속죄일 당일에 머리부터 발끝까지 목욕재계를 한 뒤 흠 없이 순결한 백색 세마포 예복을 입었다. 그러고 나서 지성소로 들어가 자신의 죄를 대속하기 위해 하나님께 짐승으로 희생제사를 드렸다. 그런 다음에는 지성소를 나와 다시 목욕을 하고 백색 세마포 예복을 새로 입은 뒤 다시 들어가 이번에는 제사장들의 죄에 대한 대속의 제물을 바쳤다. 거기서 끝이 아니었다. 대제사장은 세 번째로 목욕을 하고 옷을 갈아입은 뒤 다시 지성소로 들어가 온 백성의 죄를 대속했다.…

…이 모든 과정이 공개적으로 진행되었다. 많은 사람이 성전으로 몰려와 전체 과정을 눈앞에서 지켜보았다. 물론 두꺼운 휘장이 있었고 대제사장은 그 뒤에서 목욕을 했다. 하지만 사람들은 그가 목욕하고 옷을 갈아입고 지성소에 들락날락하는 과정을 훤히 볼수 있었다. 그는 사람들의 대표로 하나님 앞에 서는 것이었다. 그래서 사람들은 그가 모든 과정을 완벽하고 정결하게 해내기를 노심초사 바라보며 격려했다.[9]

스가랴는 자신의 대제사장인 여호수아가 지성소로 막 들어서는 장면을 목격했는데, 두렵게도 그는 사람의 배설물로 덮여 있었다. 이것은 여호수아뿐 아니라 이스라엘의 모든 사람에게 재앙이었다. 대제사장이 대표하는 이 순간이 이들에게는 용서받을 수 있는 소망의 순간이었다.

스가랴가 절망하려는 찰나 주님의 음성이 들려왔다.

"그 더러운 옷을 벗기라" 하시고 또 여호수아에게 이르시되 "내가 네 죄악을 제거하여 버렸으니 네게 아름다운 옷을 입히리라.…이 땅의 죄악을 하루에 제거하리라"(슥 3:4, 9).

하나님은 스가랴에게 우리가 하나님께 다가갈 때 우리 모두가 심지어는 우리 중 가장 종교적인 사람이라도 어떻게 보이는지에 대한 환상과 함께 단 하루에 우리로부터 영원히 그 더러운 것을 제거해주시겠다는 약속을 주셨다. 다음은 팀 켈러의 설명이다.

수 세기 뒤에 또 다른 여호수아, 또 다른 예수아가 나타났다. 예수, 예수아, 여호수아, 이 셋은 같은 이름의 그리스어와 아람어, 히브리어다. 또 다른 여호수아가 나타나 자신의 속죄일을 준비했다. 일주일 전 예수님은 준비를 시작하셨다. 그리고 전날 밤에 잠드시지 않았다. 하지만 예수님께 일어난 일은 대제사장 여호수아에게 일어난 일과 정반대였다. 사람들은 예수님을 격려하지 않았다. 사랑했던 사람들이 거의 다 그분을 배신하거나 버리거나 부인했다. 그리고 하나님 앞에 서자 아버지는 격려의 말을 꺼내기는커녕 가차 없이 그분을 버리셨다. 깨끗한 옷이 입혀지기는커녕 입고 있는 옷마저 찢기고 두들겨 맞다가 벌거벗은 채로 죽임을 당하셨다.…그분도 목욕을 하셨다. 단… 인간의 침으로 뒤범벅이 되셨다.[10]

하나님 앞에서 우리는 스가랴가 본 더러움으로 뒤덮인 예수아와 같다. 하지만 완벽하신 새로운 예수아께서 우리의 더러움을

구원의 확신

입으셨고 그것의 결과를 담당하셨기 때문에 우리는 의의 옷을 입을 수 있다. 칭찬이 합당하셨지만 대신 정죄를 받으셨던 예수 님 때문에 정죄가 마땅한 우리가 그분께 돌려져야 할 칭찬을 받을 수 있다.

우리 교회에서는 당신이 복음을 세 단어로 요약할 수 있다고 말하는데, 바로 '나를 대신하신 예수'다.

예수님은 우리 죄의 형벌의 무게를 전적으로 담당하심으로써 우리 죄를 가져가 주셨다. 대신 그분은 우리에게 자신의 의를 제공하신다. 우리가 그리스도와 연합할 때 우리의 것은 그분의 것이 되고, 그분의 것은 우리의 것이 된다.

우리의 것은 그분의 것이 되고, 그분의 것은 우리의 것이 되었다

우리와 그리스도의 관계를 가장 잘 보여주는 이 땅의 그림 중 하나는 결혼이다.[11] 결혼을 통해 한 사람에게 속한 모든 것이 다른

당신은 복음을 세 단어로 요약할 수 있는데

바로 '나를 대신하신 예수'다.

사람의 전적인 소유가 된다. 내 친구 데이비드 플랫은 자신이 가난한 학생 신분으로 결혼했을 당시 아내의 수입에 손댈 수 있게 되었던 기분 좋은 깨달음을 나눈 바 있다. 우리 중 많은 이들이 이 이야기에 공감했다. 베로니카와 결혼을 했을 때 나는 공부만 하는 박사 과정 학생이었다. 그것은 직업이 없었다는 말이다. 물론 돈이 거의 없었다는 말, 아니 전혀 없었다고 하자. 저녁 초대를 해주시는 교회 분들의 친절이 아니었다면 당시 나는 쌀과 콩으로 연명하면서 가끔 땅콩 잼의 사치만을 누렸을 것이다. 내 예비 신부는 공립학교 선생님으로 막 취업을 했는데 공립학교 선생님으로서 부자가 될 수는 없었지만 이것은 정규직이고 급여와 혜택을 제공했다.

나는 2000년 7월 28일 오후 6시 15분경 버지니아주 리치먼드에 위치한 루이스긴터 식물원에 서서 베로니카 머리 맥피터스에게 "네"라고 대답했고, 그 순간 내가 이제껏 상상해왔던 가장 아름다운 신부, 내 인생의 사랑이자 내 가장 친한 친구가 될 여인을 얻게 되었다. 하지만 또 다른 무언가를 받게 되었는데 바로 월급이었다. 그녀의 월급은 우리의 공동 예금 계좌로 입금되었고 나는 내가 원하는 어느 때든지 그것을 인출할 수 있었다. 놀라운 사실은 내가 교실에 들어갈 필요조차 없었다는 것이다.

구원의 확신

모든 일은 그녀가 했다. 나는 그 돈을 함께 쓸 뿐이었다.

당신이 그리스도를 영접할 때 당신의 모든 것은 그분의 것이, 그분의 모든 것은 당신의 것이 된다. 그분은 당신 죄의 책임과 심판, 부패를 가져가시고, 자신의 의와 아들 됨, 아버지와의 친밀함을 당신에게 허락하신다.[12]

예수님 + 무(無) = 확신

우리에게 천국의 소망은 무엇도 더해지지 않은, 이미 다 이루신 예수님의 사역이다. 그분이 이루신 것에 더해져야 할 것도, 더해질 수 있는 것도 없다. 나는 오래된 찬송의 다음과 같은 표현을 사랑한다.

이 몸의 소망 무언가
우리 주 예수뿐일세
우리 주 예수밖에는 믿을 이 아주 없도다[13]

평안함과 소망은 예수의 피밖에 없네
나의 의는 이것뿐 예수의 피밖에 없네

그리스도 안에 있는 것보다 내가 하나님의 눈에 더 의로울 방법은 없다. 그리스도 안에서 내가 하는 어떤 일도 하나님이 나를 더 사랑하시도록 할 수 없고, 내가 한 어떤 일도 그분이 나를 덜 사랑하시도록 할 수 없다.[16]

이 진리를 표현하는 가장 분명하고 간결한 설명은 로마서 4:5에서 바울이 요약한 복음일 것이다.

일을 아니할지라도 경건하지 아니한 자를 의롭다 하시는 이를 믿는 자에게는 그의 믿음을 의로 여기시나니.

여기에는 세 가지 중요한 구절이 들어 있다.

"일을 아니할지라도…자에게는": 이것은 영생을 얻기 위해 자신이 할 수 있는 일이 전혀 없다는 사실을 깨닫는 사람을 일컫는다.

"경건하지 아니한 자를 의롭다 하시는 이를 믿는": 이것은 하나님께서 그분이 말씀하셨던 그대로 우리를 구원하기 위해 필요한 일을 행하셨다는 사실을 믿는 것이다.

"그의 믿음을 의로 여기시나니": 하나님은 이와 같은 믿음을 우리의 의로 여기신다. 바울은 그리스도를 믿는 우리의 믿음을 자신에게 아들을 주시겠다고 하신 하나님의 약속을 믿었던 아브라함의 믿음과 비교했다. 거의 100살에 가까운 나이였지만 아브라함은 하나님이 죽은 태로부터 아이를 주실 수 있다는 사실을 믿기로 선택했고 그 믿음으로 인하여 하나님은 그를 의롭다 여기셨다(롬 4:3). 우리의 죄로 인한 대가를 지불하시고 무덤의 죽음 가운데 계시던 예수님의 생명 없는 몸을 하나님이 일으키셨다는 사실을 우리가 회개함으로써 믿는 순간 우리는 이와 마찬가지로 의롭다 선언된다(롬 4:25).

의는 하나님이 그리스도 안에 있는 자들에게 주시는 선물이며, 하나님은 자신이 그것을 주실 만큼 은혜로우시다는 사실

그리스도 안에서 내가 하는 어떤 일도
하나님이 나를 더 사랑하시도록 할 수 없고, 내가 한 어떤 일도
그분이 나를 덜 사랑하시도록 할 수 없다.

을 믿는 모든 이들에게 이 선물을 거저 주신다.

'선물로 주어지는 의'라는 복음을 이해하는 것은 확신을 얻기 위한 중요 요소다. 당신의 확신이 내가 무엇을 하고 또 그것을 얼마나 잘하는지에 달려 있다면 당신은 결코 확신을 찾을 수 없을 것이다. 당신은 언제나 당신의 행위가 충분한지를 염려할 것이다. 그러나 당신의 확신이 그리스도께서 이루신 일에 기초한다면 당신은 그분의 성취 안에서 안식할 수 있다. 당신의 구원은 이미 다 이루신 그분의 사역만큼 확실하다.

신약의 모든 저자들은 이것이 이미 이루어졌다는 사실을 믿음으로써 구원을 얻는다고 담대히 선언한다.

하지만 믿는다는 것이 정확히 어떤 의미일까, 당신은 궁금할 수 있다. 이는 우리가 다음으로 살펴볼 문제다.

의는 하나님이 그리스도 안에 있는 자들에게 주시는 선물이며,

하나님은 자신이 그것을 주실 만큼 은혜로우시다는 사실을

믿는 모든 이들에게 이 선물을 거저 주신다.

구원의 확신

4장

믿음은 무엇인가?

STOP

ASKING

JESUS

INTO

YOUR

HEART

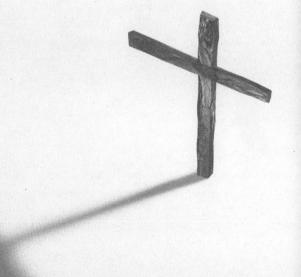

사도 바울 앞에 떨며 무릎을 꿇은 난폭한 로마 간수의 이마는 땀으로 번들거렸고 그의 눈은 공포의 눈물로 가득했다. 방금 지진이 그의 감옥의 벽을 무너뜨렸다. 큰 혼란이 뒤따랐고 지진이든 아니든 자신의 감시 아래 있던 죄수들이 탈출한 것을 대신해 자신의 생명을 내놓아야 한다는 사실을 그는 알고 있었다. 그런데 기묘하게도 적어도 한 명의 죄수가 돌아온 것이다.

바울은 하나님이 이 간수의 삶 속에서 무언가로 역사하고 계신다는 사실을 감지했고 그에게 칼을 거두라고 이야기했다. "나는 어디에도 가지 않을 것이다. 우리가 다 여기 있노라."

이 로마 간수는 자신이 바울로부터 들었던 설교와 찬송을 기억하며 물었다. "선생들이여, 내가 어떻게 하여야 구원을 받으리이까?"

바울의 반응은 다음과 같았다. "주 예수 [그리스도]를 믿으라. 그리하면 [네가] 구원을 받으리라"(행 16:28-31).

믿으라는 바울의 대답은 아마도 성경에서 구원을 받기 위해 우리가 무엇을 해야 하는지에 대한 가장 단순하고 솔직한 설명일 것이다.

충분히 단순하게 들린다. 그저 믿으라. 하지만 이것이 전부일까? 예수님이 하나님의 아들이시고 우리 죄를 위해 십자가에서 죽으셨다는 사실을 정신적으로 인정하는 것? 약 80%에 달하는 미국인들이 이를 믿는다고 말하지만, 많은 경우 이것은 이들의 삶에 어떠한 차이도 만들어내지 못한다.[1] 이들은 나폴레옹이 워털루 전투에서 패했다는 사실을 믿는 것처럼 예수님이 죽은 자 가운데서 살아나셨다고 믿는다. 이것이 바울이 의미한 전부일까?

분명 아니다. 예수님의 형제 야고보는 심지어 귀신들도 이렇게 믿고 떤다고 했지만, 우리는 천국에서 이들과 어울리지 않을 것이다(약 2:19).

성경적인 믿음은 의지적인 측면 역시 포함한다. 마가복음 1장에서 예수님이 군중들을 불러 "회개하고…믿으라"(막 1:15) 말씀하셨을 때에 그분은 믿음에 또 다른 요소를 더하신 것이 아니라, 참된 믿음에 무엇이 수반되는지를 분명히 하셨다. 회개는 행동하는 믿음이다.

구원의 확신

성경적으로 말해 회개와 믿음은 같은 총체의 일부분이다. 이들은 같은 사물의 두 가지 측면, 동전의 양면이다. 우리는 예수님이 살고 죽으셨다는 사실을 믿을 뿐 아니라, 그분이 우리를 위하여 살고 죽으셨다는 사실을 믿고 우리 구원의 소망을 그분 안에 두기로 선택했다. 우리는 역사적 사실로서 예수님이 주님이심을 믿을 뿐 아니라, 의지적인 행위로서 그분이 우리의 정당한 주권자이심을 더불어 믿고 그분께 복종한다.

히브리서 저자가 구약의 위대한 믿음의 영웅들을 높일 때 그는 각 사람의 믿음을 이들의 행동과 동일시했다. 노아는 방주를 '지었다.' 아브라함은 그의 집을 '떠났다.' 야곱은 그의 손자들을 '축복했다.' 요셉은 자기 뼈를 위하여 '명령했다.' 모세는 고난받기로 '선택했다.' 그리고 여호수아는 '여리고 성을 돌았다.' 위대한 믿음의 장은 행동에 대한 장이다. 믿음은 행동하는 것이다. 사실 히브리어에는 믿음이라는 명사가 없는데 이는 믿음이 그 행위를 떠나서는 존재하지 않기 때문이다. 믿음은 정신적 동의

성경적으로 말해 회개와 믿음은 같은 총체의 일부분이다.

로 시작하지만 만일 정신적 동의가 순종으로 이어지지 않는다면 이것은 아직 '믿음'이 아니다.

성경적 믿음은 그리스도의 주인 되심과 그분이 십자가 위에서 이미 다 이루신 사역을 향해 새로운 자세를 취하는 것이다.

첫 번째 장에서 설명한 대로 그 새로운 자세를 취했다는 사실을 '죄인의 기도'나 '예수님을 우리의 마음에 영접하는 것' 혹은 그것과 동일한 무엇으로 표현할 수는 있겠지만, 단순히 그 기도를 올려드렸다고 해서 그것이 꼭 우리가 회개하고 믿었다는 의미는 아니다.

이것의 이면 역시 사실이다. 다만 그 기도를 올려드리지 않았다거나 그것을 기억하지 못한다고 해서 우리가 회개하거나 믿지 않았다는 의미는 아니다. '회개와 믿음' 그리고 '예수님을 우리 마음에 영접하는 것'을 늘 교차적으로 사용할 수는 없다.

더욱 자세히 살펴보도록 하자.

믿음은 정신적 동의로 시작하지만 만일 정신적 동의가
순종으로 이어지지 않는다면 이것은 아직 '믿음'이 아니다.

'의식'으로 축소된 구원?

많은 그리스도인이 생각하는 구원의 방식은 다음과 같다. 이들은 자신이 죄인이라는 사실과 구원을 받기 위해서는 예수님이 필요하다는 사실을 깨닫는다. 따라서 그분에게 나아가 그분을 자신의 마음에 영접한다. 물론 그분은 그러겠다 대답하시며 그때 이들의 죄를 용서하시고 이들의 이름을 어린 양의 생명책에 기록하시며 이들에게 구원의 증서(이들은 이것의 복사본을 자신의 성경책에 끼워 보관한다)를 주실 뿐 아니라 하늘에서는 이들을 기념하는 연회가 시작된다. 나중에 자신이 정말로 구원받았는지 의심이 들 때면, 이들은 마음속으로 회심의 순간을 반복 재생하여 자신의 진실성을 확신하고 그 이후 느꼈던 감정을 상기한다.

이것은 효과가 있다. 적어도 당신의 기억이 쇠하기 전까지는 말이다. 하지만 당신이 이것을 제대로 했던 것일까 하는 의심이 들기 시작한다면, 아니면 정말로 일어나지 않은 무언가가 일어났다고 당신이 자신을 스스로 속여왔다면, 당신 역시 나처럼 다음과 같은 질문들을 던지기 시작할 수도 있다. 나는 정말로 내 죄에 대해 충분히 후회했던 것일까? 그분을 내 마음에 영접한 이후 내 삶은 충분히 변화했을까? 기도했을 때 나는 예수님과 나의 죄, 은혜를 충분히 이해했었을까? 내가 인지하지 못하는 반항의 영역은 없었을까?

아이코. 당신은 그분을 다시 한번 당신의 삶으로 영접해야 할 것이다. 따라서 당신은 예수님께로 돌아가 또 다른 증서를 요구한다. 당분간은 기분이 괜찮을 것이다. 그러나 확신을 위해서는 당신의 생애 동안 이것을 몇 번이고 더 반복해야만 할 것이다. 당신의 생각에 그것을 제대로 했다고 완벽하게 확신할 수 있는 유일한 때는 천국에서 예수님과 서로의 얼굴을 맞대고 설 때뿐이다.

성경은 구원의 순간을 다르게 묘사한다. 예수님께 구원의 증서를 요구하는 대신, 하나님의 말씀이 그분의 주인 되심과 그분이 십자가 위에서 이미 완성하신 사역에 대해 말씀하시는 바를 믿기 시작한다. 당신이 이제껏 하나님의 통치에 반하여 살아왔고 당신의 힘으로는 하나님의 진노를 피할 소망이 없다는 사실을 이해한다. 당신의 생명을 요구하시는 그분에게 복종의 무릎을 꿇고 천국의 소망을 그분께 둔다. 그분의 팔로 뛰어올라 그분이 당신을 어디로 데려가시든 복종하고 당신을 천국으로 데려가시는 그분을 신뢰하는 모습을 그려보라.

어느 순간 갑자기 당신이 정말로 예수님을 믿었는지에 대

구원의 확신

해 의문이 들기 시작할 때, 당신은 뒤를 돌아 당신이 그분의 팔로 처음 뛰어들었던 순간을 떠올려 기억하는가? 그럴 수도 있을 것이다. 하지만 현재 당신이 거하는 곳을 보는 것이 더 낫다. 그분의 팔에서 안식하기 시작한 것보다 지금 안식하고 있다는 사실이 더 중요하다는 것을 인식하면서 당신이 바로 지금 그분의 팔에서 안식하고 있다면 말이다. 당신의 현재 자세는 과거의 기억보다 더 중요하다.

회심은 의식의 완성이 아니라 관계의 시작이다. 의식의 확신은 정확한 말과 기억을 기초로 한다. 관계의 확신은 회개와 믿음이라는 현재의 자세를 기초로 한다.

현재의 자세는 과거의 기억보다 더 나은 증거다

여기 다르게 생각해볼 수 있는 방법이 있다. 당신이 지금 의자에

그분의 팔에서 안식하기 시작한 것보다

지금 안식하고 있다는 사실이 더 중요하다는 것을 인식하면서

당신이 바로 지금 그분의 팔에서 안식하고 있다면 말이다.

앉아 있다면 당신은 어느 시점에 당신 몸의 무게를 당신의 다리로부터 의자로 옮겼다. 그러한 결정을 내린 것을 기억하지 못할 수도 있지만 당신이 지금 앉아 있다는 사실이 그것을 증명한다.

구원은 이미 다 이루신 그리스도의 사역에 대한 회개와 믿음의 자세이며, 그것을 통해 당신은 천국을 향한 당신의 소망의 무게를 당신 자신의 의로부터 이미 다 이루신 예수 그리스도의 사역으로 옮기게 된다. 당신이 그런 결정을 내렸음을 확신하는 방법은 당신이 현재 그리스도 안에 거하고 있느냐는 사실을 통해서다.

사도 요한은 믿음을 거의 대부분 현재형으로 이야기하는데, 이는 우리가 이것을 과거 어느 한순간에만 행하는 것이 아니라 지속적으로 행하는 까닭이다(예. 요 3:36; 9:36-38; 10:27-28; 요일 5:13). 이 자세는 어느 한순간에 시작하지만 평생 동안 지속된다.

레위기는 이 과정을 보여주는 놀라운 그림을 제공한다. 일 년에 한 번, 유대인 아버지들은 그의 가족을 대표해 속죄제물을 바친다. 제물을 바치는 순간이 올 때 아버지는 자신의 손을 제물 된 양의 머리에 얹고 제사장은 양의 목을 딴다. 양의 머리에 손을 얹는 것은 그 가족의 죄악이 제물의 머리로 옮겨졌음을 상징한다. 양이 피를 흘릴 때, 그 가족의 죄악은 제거된다.

믿음은 우리의 손을 제물 되신 예수님의 머리 위에 두는 것
이다. 우리가 그렇게 할 때, 바울에 따르면 우리의 믿음은 의로
여김을 받는다(롬 4:5). 우리가 처음 우리의 손을 예수님의 머리
에 얹는 순간이 있지만, 믿음은 그 손이 우리의 남은 생애 동안
그곳에 머물도록 한다. 자신이 구원받았는지를 알고자 할 때, 우
리는 우리의 손, 즉 천국을 향한 우리의 소망이 현재 어디에 머
물고 있는지를 봐야 한다.

처음 그 믿음의 자세를 취할 때 그것을 기도로 표현할 수는
있다. 물론 아닐 수도 있다. 당신의 표현과는 무관하게 이와 같은
자세는 그 자체로 구원을 위하여 하나님께 외치는 소리다. 그러
나 당신이 다만 그 기도를 올려드렸다는 이유로 그 자세를 취했
다고는 볼 수 없는데, 이는 의자에게 내가 곧 그 위에 앉겠다고
이야기하는 것과 실제로 앉아 있는 것이 다른 것과 같은 이치다.

따라서 확신에 대한 참된 질문은 이것뿐이다. 당신의 손은
지금 예수님의 머리 위에 놓여 있는가?

구원의 순간은 있다

1장에서 지적했듯, 구원에 시점이 없다거나 구원이 우리가 시간을 두고 자라가는 무언가라는 의미는 아니다. 성경은 구원을 한 순간에 일어나는 사건으로 묘사한다. 우리는 거듭난다(요 3:1-3). 우리의 죄는 씻김 받는다(행 22:16). 그리스도의 의는 우리의 것으로 여겨진다(롬 4:5). 우리는 흑암의 권세에서 빛의 나라로 건짐 받는다(골 1:13). 죽음의 아들들에서 하나님의 사랑받는 아들 딸들로 변화된다(엡 2:1-4). 하나님의 은혜는 우리 위에 머물러 있던 그분의 진노를 대체한다(요 3:36). 그리고 우리는 그의 영으로 충만해지고 세례를 받아 그의 몸이 된다(행 10:44; 고전 12:13). 이 모든 것이 한순간에 일어난다. 이들 중 어느 것도 점차적인 발전이 아니다.

의자의 비유를 다시 한번 생각해보라. 의자에 앉은 시점을 기억하지 못한다고 해도 당신이 그렇게 한 시점은 여전히 존재한다. 잠재의식 속에서 이루어진 결정이었을 수도 있으나 그렇더라도 결정이다. 마찬가지로 당신이 천국을 향한 소망을 당신 자신의 가치로부터 그리스도의 대속 사역으로 옮긴 순간은 존재한다.

하지만 당신이 그런 결정을 내렸다는 사실을 아는 것은 당신이 그렇게 했던 순간을 절대적인 확신을 가지고 기억하기 때문이 아니라 당신이 지금 앉아 있기 때문이다. 많은 사람이 자신에게 그 결정의 순간이 언제였는지를 정확히 알고 있다. 극적인 순간을 통해 이들은 그리스도의 주인 되심에 복종했고 구원에 대하여 그분을 신뢰했다. 이들의 회심은 혼인 예식과도 같았고, 이들은 온 마음을 다해 예수님께 "네"라고 대답했다. 이들의 삶은 단연코 변화했고 다시 이전으로 돌아가지 않았다.

반면 그 순간이 덜 분명한 사람들도 있다. 아마도 이들은 기독교 가정에서 성장했고 예수님의 주인 되심에 대한 인식은 시간을 두고 자랐을 것이다. 이들이 다다른 시점은 믿기로 결정한 것이라기보다 자신이 믿었음을 깨달은 것에 더 가깝다.

중요한 것은 우리가 그 자세를 취하기로 결정한 바를 기억하느냐가 아니라 지금 그 자세를 취하고 있느냐다. 당신이 그 순간을 기억하고 그것이 매우 분명하다면 좋다. 만일 그렇지 않다면 사실 그것도 괜찮다.

어떠한 경우든 우리가 지금 해야 할 일은 회개와 믿음의 자세를 유지하는 것이다.

그런데 만일 과거에 구원을 받았다고 생각했지만 그것은

오해였고 지금 당신이 생각하는 신앙의 회복이 실상은 시작에 불과하다고 해도 걱정할 필요가 없다. 당신이 그렇게 생각했던 것이 오해였다고 해도 현재 당신의 회개와 믿음의 자세가 당신을 구원할 것이기 때문이다.

당신은 이야기한다. "하지만 잠깐만요. 구원을 위해 예수님을 영접해야 하지 않나요? 만일 제가 그 자세를 취하면서도 기도를 올려드리지 않는다면요?" 다시 한번 회개와 믿음의 자세는 그 자체로 구원을 위한 외침이다. 그분은 당신이 비록 기도로 그것을 표현하지 않는다 해도 당신 자세의 외침을 들으신다. 성경 어디에도 구원을 위해 기도를 올려드려야만 한다는 말은 없다. 회개와 믿음의 자세가 구원한다.

때로 당신이 누군가와 복음을 나눌 때 그들도 같은 결정을 내릴 수 있도록 당신이 그리스도를 신뢰하기로 결정했던 시점의 경험을 이야기하는 것이 유익할 수도 있다. 하지만 그 시점을 알지 못할 경우 당신은 다음과 같이 이야기할 수 있다. "솔직히 제가 정확히 어느 순간부터 그리스도를 신뢰하기 시작했는지 저는 확신할 수 없어요. 이러이러한 나이에 그랬다는 사실은 기억이 나고, 제가 바로 지금 그리스도의 주인 되심에 복종하고 저의 구원에 대한 소망을 이미 다 이루신 그분의 사역에 두고 있다는 사실은 알지요. 저는 당신도 바로 지금부터 그렇게 하기를 바라요."

내가 마침내 이것을 이해한 순간

이 모든 것이 마침내 분명해졌던 순간을 기억한다. 대학에서의
첫 일 년을 마쳐갈 즈음 한 친구가 나를 마르틴 루터에게로 인
도했는데, 그의 말에 따르면 그 역시 확신과의 격렬한 싸움을 거
친 사람이었다. 이즈음 나는 지푸라기라도 잡고 싶은 심정이었
다. 나는 도서관에 가서 루터의 『로마서 주석』을 빌렸다. 로마서
10:9에 대한 그의 설명을 읽었던 그날 밤을 나는 결코 잊을 수
없다.

> 바울은 말한다. "네가 만일…하나님께서 그를 죽은 자 가운데서
> 살리신 것을 네 마음에 믿으면 구원을 받으리라." 4:25에서 우리
> 가 읽는 바 이것은 사실이다. "예수는 우리가 범죄한 것 때문에 내
> 어줌이 되고 또한 우리를 의롭다 하시기 위하여 살아나셨느니라."
> 누구든지 이 두 가지 사실을 믿는 자는 구원을 받을 것이다.…4:3
> 에서 읽는 바 우리는 하나님의 약속을 진심으로 믿어 하나님의 참

된 의를 얻는다. "아브라함이 하나님을 믿으매 그것이 그에게 의로 여겨진 바 되었느니라."[2]

그 순간 마침내 모든 것이 이해되었다. 구원은 단순히 하나님이 예수님에 대하여 약속하신 두 가지 사실, 즉 그가 우리 죄의 대가를 지불하시고자 십자가에 못 박히셨다는 사실과, 하나님이 그의 희생을 속전(payment)으로 인정하셨다는 증거로서 그가 부활하셨다는 사실을 의지하여 얻어진다. 아브라함은 하나님이 자신의 말씀을 지키시리라고 믿어 구원을 얻었고, 나는 이미 그렇게 하셨다고 믿어 구원을 얻었다.

이 두 가지 사실은 내가 이것을 믿든 믿지 않든 사실이지만 내가 내 무게를 이들 위에 실을 때, 즉 내가 천국을 향한 내 소망을 이미 다 이루신 그분의 사역 위에 둘 때, 이들은 내 것이 된다.

아브라함은 하나님이 자신의 말씀을 지키시리라고 믿어 구원을 얻었고,

나는 이미 그렇게 하셨다고 믿어 구원을 얻었다.

루터가 설명하고 있던 구절 로마서 10:9-10은 다음과 같이 말한다.

네가 만일 네 입으로 예수를 주로 시인하며 또 하나님께서 그를 죽은 자 가운데서 살리신 것을 네 마음에 믿으면 구원을 받으리라. 사람이 마음으로 믿어 의에 이르고 입으로 시인하여 구원에 이르느니라.

이 구절에는 기도도 의식도 없다. 오직 믿음과 그 믿음의 시인이 있을 뿐이다.

그날 밤 나는 어떠한 경험이나 기도를 분석하는 것을 그만두고 내 영혼의 손을 예수님의 머리 위에 얹었다. 이제 나는 내가 구원을 받았는지 의심이 들 때 다만 내 믿음의 손의 현재 위치를 점검한다. 그것이 예수님 위에 있는가? 나는 내가 다섯 살이었을 때 부모님과 올려드렸던 기도나 열여섯 살이었을 때 그리스도께 재헌신했던 것을 돌아보지 않는다. 루터의 주석을 읽었던 경험도 돌아보지 않는다. 나는 2000년 전 갈보리 위에서 그리스도가 성취하신 것을 돌아본다. 그곳에서 그분이 이루신 것을 의지한다.

과거에 올려드렸던 기도로부터 확신을 찾으려고 하지 말라. 과거 예수님이 하신 것을 현재 믿는 것에서 확신을 찾으라. 바로 지금 당신을 구원하시고자 예수님이 2000년 전에 행하신 일을 믿는다면, 이제까지는 아니었다고 하더라도, 당신은 이 순간 구원을 받았고 이것은 당신이 그것을 기도로 구체화하지 않는다고 해도 마찬가지다. 구원받는 것은 그리스도와의 관계지, 그 관계의 시작을 상징하는 기도가 아니다. 당신이 믿기 시작하는 일은 당신이 현재 믿고 있다는 사실만큼 중요하지 않다.

당신은 예수님이 모든 대가를 지불하셨다는 사실을 믿는가? 그분이 주님이심을 알고 그 주인 되심에 복종의 자세를 취하고 있는가? 그렇다면 그분 안에서 안식하라.

내 아이들을 예수님께로 인도하기

네 명의 어린아이를 둔 아버지로서 나는 종종 이 아이들을 믿음으로 인도하는 최선의 방법을 고심한다. 나는 예수님을 따르고자 하는 아이들의 결정이 의미 있기를 원하지만 그들이 내 경험을 반복하기를 원하지는 않는다. 내가 알기로 아이들에게 "너는

내가 알기로 아이들에게 "너는 착한 아이가 되어서
예수님을 영접하고 지옥 불에 떨어지지 않기를 바라지?"라고
묻는다면 이들은 물론 "네"라고 대답할 것이다.

착한 아이가 되어서 예수님을 영접하고 지옥 불에 떨어지지 않기를 바라지?"라고 묻는다면 이들은 물론 "네"라고 대답할 것이다. 이러한 상황에서 기도를 올려드리는 것은 그리스도를 실제로 믿는 것과는 무관하며 실상은 아버지를 행복하게 만드는 것과 관련이 깊다.

이러한 이유로 많은 부모들이 자신의 자녀가 그리스도를 믿는 결정을 내리도록 영향력을 행사하길 원치 않는다. 이해하지도 못하는 기도를 올려드리도록 아이들을 강요해서 나중에 그것을 제대로 이해할 수 있을 때 그 문제를 실제로 대면하지 못하도록 한다면 어떻게 하지? 너무 일찍 그 기도를 올려드리도록 하는 것이 이들에게 거짓된 확신을 주고 구원받아야 하는 자신의 필요를 대면하지 못하도록 함으로써 나중에 실제로 예수님께 나아오는 것을 방해할 수도 있지 않을까?

나는 이와 같은 두려움을 이해한다. 동시에 아이들에게 믿음이 가능하다는 사실도 안다. 실제로 예수님은 성인들이 구원을 받기 위해서는 어린아이들과 같이 되어야 한다고 말씀하셨지 그 반대가 아니었다. 그리고 우리 중 어린아이들이 예수를 믿기 어렵게 하는 자들은 연자 맷돌을 목에 메고 깊은 바다에 빠뜨려져야 한다고도 말씀하셨다(마 18:1-6). 어쨌거나 나는 결코 내 아이들을 믿음으로부터 단념시키고 싶지 않다.

그러나 구원을 의식이 아닌 그리스도를 향한 자세로 볼 때에 이 딜레마는 해결될 수 있다. 그리스도를 향하여 언제나 합당한 유일한 자세는 그분의 주인 되심에 굴복하고 그분이 행하시겠다고 말씀하신 바를 행하셨음을 믿는 것뿐이다. 나는 내 아이들이 인생의 첫 단계부터 그런 자세를 취하기를 바란다.

왜 내가 이들이 그리스도를 향하여 다른 자세를 취하기를 바라겠는가? 믿음의 반대는 믿음 없음이고 굴복의 반대는 반역이다. 따라서 나는 지속적으로 내 아이들에게 예수님에 대하여 굴복하고 그분이 성취하시겠다 말씀하신 것을 믿도록 가르쳤다.

나는 자주 아이들에게 그리스도께서 행하신 일을 설명하고, 그들이 의의 소망을 자신의 행위가 아닌 그분의 사역에 두도록 격려한다. 내가 바라는 것은 천국을 향한 자신들의 소망을 생

다시 한번 그리스도를 향하여 언제나 합당한 유일한 자세는

회개와 믿음이다.

각할 때마다 그들의 마음이 갈보리에서 예수님이 행하신 일로
향하는 것이다. 내 아이들에게 예수님에 대해 이야기하기 시작
한 첫 순간부터 나는 그분을 주님으로 제시했다. 이것은 말 그대
로 그들이 태어났을 때 내가 그들의 귀에 속삭인 첫 번째 이야기
였다. 여러 해 동안 나는 만일 그들이 이미 다 이루신 그리스도
의 사역을 자신의 것으로 신뢰하고 그분을 주님으로 따른다면
구원을 받은 것이라고 이야기해왔다.

하지만 그들이 구원이 수반하는 모든 것을 제대로 이해하
지 못한다면 어떻게 하지? 정확히 그분을 의지해야 하는 이유,
그분의 은혜가 필요한 이유를 제대로 알지 못한다면? 내 아이
들은 자라가면서 분명 그분의 은혜를 더 잘 이해하게 되는 통찰
의 순간과, 그분을 향하여 스스로 자세를 취하게 되는 결정적 순
간을 맞게 될 것이다. 하지만 나는 처음부터 내 아이들이 이러한
자세를 취하도록 격려할 수 있다. 다시 한번 그리스도를 향하여

언제나 합당한 유일한 자세는 회개와 믿음이다.

솔직히 그들이 그리스도를 영접한 정확한 순간을 알지 못하게 된다고 해도 나는 괜찮을 것 같다. 다음과 같이 말할 수 있다는 것이 얼마나 큰 하나님의 은혜의 증거인가. "내가 기억하는 한 나는 언제나 예수님의 주인 되심을 인정해왔고 그분이 행하시겠다고 말씀하신 것을 행하셨다고 믿어왔다."

불신 가정에서 자란 아이들은 극적인 회심 사건을 통해 흑암에서 빛으로 옮겨갈 확률이 높다. 하지만 나는 내 아이들이 지속적으로 빛 가운데서 자라가기를 바란다. 개인적으로는 이들이 수년 동안의 반항과 어리석음, 불신과 관련한 흥미로운 간증을 하지 않았으면 한다. 나는 내 아이들 모두가 멋지고 지루한 간증을 하기를, 자신의 전 생애를 하나님이 그리스도 안에서 자신을 위하여 행하신 일에 도취되어 살기를 바란다. 혹시라도 반항의

불신 가정에서 자란 아이들은 극적인 회심 사건을 통해

흑암에서 빛으로 옮겨갈 확률이 높다.

하지만 나는 내 아이들이 지속적으로 빛 가운데서 자라가기를 바란다.

때를 보내게 된다면 나는 이들의 극적인 회심이나 재헌신, 당신이 무엇이라 부르든 그것을 위해 기도할 것이다. 하지만 지금은 이들이 언제나 우리 구세주를 복종과 믿음 안에서 바라보기를 위하여 기도한다.

중요한 것은 예수님을 신뢰하고 그분께 복종하는 것을 시작하기에 너무 어린 나이는 결코 없다는 사실이다.

복음은 이미 선포되었다. 예수님은 회개하고 믿으라고 온 세상을 부르셨고, 그 세상은 우리의 아이들을 포함한다. 나는 이들이 오늘 순종하기를 바란다.

구원이 오직 믿음으로 이뤄진다는 사실을 믿지 않는 한 확신은 불가능하다

근래 들어 성경을 믿는 많은 그리스도인들이 복음의 메시지 속에 담긴 '오직 믿음으로 이루어지는 칭의'의 중요성을 경시해왔는데, 이들의 말에 따르면, 예수님을 따르는 것에는 단순히 구원의 선물을 받아들이는 것보다 훨씬 더 큰 의미가 담겨 있기 때문이다. 예수님을 따르는 것은 그분의 생활 방식을 취하고 우리 자신이 그분 나라의 사명에 전적으로 헌신하는 것이다.

예수님을 따르는 것에, 선물을 받아들이는 것보다 더욱 큰 의미가 담겨 있는 것은 사실이다. 삶의 극적인 변화와 사명을 향한 철저한 헌신은 언제나 믿음으로 변화된 마음의 열매다. 하지만 오직 믿음으로 주어지는 선물로서의 의의 개념이 폐기된다면 확신의 가능성 역시 그렇게 될 것이다. 구원을 제공하시는 예수님에 대한 우리의 반응이 새 나라의 실재를 취하는 것이나 예수님의 사명에 우리 자신을 헌신하는 것이 된다면 '얼마면 충분할까'의 질문은 불가피하다. 우리가 사명에 충분히 헌신되었는가, 우리의 죄를 충분히 후회했는가, 하나님 나라의 원리를 충분히 지키며 살고 있는가와 같은 질문들이 우리를 괴롭게 할 것이다.

이것을 인지한 종교 개혁가 마르틴 루터는 오직 믿음으로 이루어지는 구원을 떠나서는 하나님의 평화를 참으로 확신할 수 없다고 말했다. 그의 말에 따르면 하나님이 구원을 통해 우리에게 주시는 의는 '수동적'인 의로, 우리는 그것을 얻기 위해 아무것도 할 수 없고 오직 믿음으로서 그것을 받을 뿐이다.

루터는 자신의 『갈라디아서 주석』 서문을 통해 다음과 같이 말했다.

가장 탁월한 의, 즉 믿음의 의는…수동적이다. 우리는 이 문제에 대해 아무것도 하지 않는다. 하나님께 일체의 것도 드리지 않고 다만 이것을 받고 다른 누군가가 우리 안에서 역사하도록 한다.

이 수동적인 의만큼 우리의 양심을 확고히 위로하는 것은 없다.…율법의 억압과 죄의 공포, 위로를 향한 목마름으로 이미 충분히 멍이 든 사람을 볼 때 나는 그의 시야로부터 율법과 능동적인 의를 제거하고 복음을 통해 그리스도적이고 수동적인 의를 제시해야 한다.…

그렇다면 이 의를 얻기 위해 우리는 아무것도 하지 않는가? 그렇다. 전혀 그 무엇도 하지 않는다. 완벽한 의는 율법이나 행위의 무언가도 행하지 않고 듣지 않고 알지 않고 오직 그리스도께서 아버지에게로 가셨고 더 이상 보이지 않으시며 하늘 아버지의 우편에 앉아 계시고 재판관으로서가 아니라 하나님이 그분을 우리의 지혜와 의, 거룩, 구속으로 만드셨다는, 즉 그분이 우리를 위하여 간구하시며 우리 안에서 은혜로 다스리시는 대제사장이심을 알고 믿는 것뿐이다.

교회는 오직 이 교리 위에 세워지고 이 안에 존재한다.[3]

구원을 얻기 위해서는 선한 행위 역시 필요하다는 사실을 확언하기 위해 흔히 사용되는 본문에 대한 설명을 포함해서 '오직 믿음으로 이루어지는 칭의'의 교리가 왜 확신을 얻는 데 필수적인지는 부록 2를 참고하라.

확신은 하나님, 즉 바로 그리스도 그분 앞에서의 우리의 의로운 지위가 하늘 아버지의 오른편에 확실히 자리한다는 사실을 보는 것에서 시작한다. 거기 그분이 계시고, 거기 그분 위에 우리의 믿음의 손이 있다.[4]

믿음은 이미 다 이루신 예수님의 사역을 붙드는 손이다. 성령이 일으키시는 믿음은 언제나 새로운 마음, 즉 선한 행위를 사랑하고 예수님을 위하여 그것을 추구하는 마음을 낳는다. 성령이 일으키시는 믿음이 이와 같은 선한 행위로 인도하지 않기란 불가능하고, 따라서 선한 행위가 없다면 참된 믿음도 없다. 하지만 이 선한 행위가 믿음 자체와 동일한 것은 아니다. 믿음의 유일한 대상은 그리스도가 완수하신 사역이다. 믿음은 그것이 생산하는 선한 행위를 의지할 수 없다. 믿음은 그 자신조차도 의지할 수 없다. 그리스도 외에 다른 곳을 바라보는 믿음은 확신이 아닌 끊임없는 의심의 빌미를 찾을 것이다. 이미 다 이루신 그분의 사역을 전적으로 의지할 때에만 불안한 영혼이 평화를 찾을 수 있다.

구원의 확신

빌립보 간수를 향한 바울의 말은 단순하고 충분하다. "주 예수 [그리스도]를 믿으라. 그리하면 [네가] 구원을 받으리라." 주 예수 그리스도를 믿는다는 것은 그리스도가 주님이시고 그분이 하시겠다 말씀하신 대로 우리의 구원을 성취하셨음을 복종 가운데 인정하고 우리의 소망을 그곳에 두는 것이다.

    복음서 저자들이 이런 반응을 요약하기 위해 사용하는 또 다른 단어는 회개다. 다음 장에서 보이겠지만 회개는 우리가 믿는 것에 덧붙여 행하는 무언가가 아니라 참된 믿음의 한 요소다. 이것은 우리가 예수님에 대하여 믿는 사실을 가지고 무엇을 해야 할지를 강조한다. 이것은 참된 믿음이라는 육체의 호흡이자 믿음이라는 동전의 뒷면이다.

5장

회개는 무엇인가?

STOP

ASKING

JESUS

INTO

YOUR

HEART

한 젊은 정치인이 진정으로 예수님에 대해 탄복해가고 있었다. 그는 이 불가사의하지만 놀라운 선생의 메시지에 매료되었다. 그는 자신의 삶이 무언가를 놓치고 있다는 사실을 여러 해 동안 인지해왔고 마침내 그 잃어버린 조각을 찾았다고 확신했다. 그가 출석하고 있는 활기차고 성장하는 교회의 부활절 예배 동안 그는 예수님을 영접하는 기도를 올려드렸고 그다음 주에 세례를 받았다.

그는 즉시 소그룹에 들어갔고 교회 봉사를 시작했다. 그는 정치에도 하나님을 모시어 들이려 노력했다. 또한 자신의 가족과 많은 동료들을 교회로 인도했다. 상당한 금액의 돈을 기독 운동에 기부했을 뿐 아니라 교회에서 새로 지은 체육관에 그의 이름을 붙일 정도로 많은 헌금을 했다. 나중에는 장로로 섬기기도 했다.

그리고 그가 죽었을 때, 그는 지옥에 갔다.

이것이 당신에게는 불가능하고 심지어 터무니없는 이야기로 들리는가? 나에게도 마찬가지다. 하지만 마가복음은 딱 이러한 사람을 묘사한다. 예수님을 추종하는 한 부유하고 젊은 유대인 관리가 예수님께 왔고 그분의 제자가 되고자 하는 진심 어린 갈망을 표현했다. 우리는 그가 도덕적이고 책임감 있고 훌륭한 사람이었음을 안다. 그리고 그는 예수님께 분명한 관심이 있었다. 마가는 우리에게 예수님이 그를 사랑하셨다고 말한다.

하지만 그에게는 무언가가—즉 그의 마음에는 예수님께는 보였지만 다른 모든 사람에게는 보이지 않는 무언가가—있었다. 그 사람은 그의 돈을 사랑했다. 그것을 숭배했다. 분명 그것의 일부는 기꺼이 나누려 했겠지만 결코 그것을 하나님으로 대체할 수는 없었다. 그는 그리스도인인 것처럼—사실 매우 그리스도인인 것처럼—보이고 행동할 수는 있었으나 결코 온전히 예수님을 따를 수는 없었다. 그가 하려는 일과 가려는 곳에는 언제나 조건과 예외와 제한이 있을 것이다.

예수님은 한 가지 단순한 요구를 통해 이 모든 것을 드러내셨다. "네게 아직도 한 가지 부족한 것이 있으니 가서 네게 있는 것을 다 팔아 가난한 자들에게 주라. 그리하면 하늘에서 보화가 네게 있으리라. 그리고 와서 나를 따르라"(막 10:21). 슬프게도 그

구원의 확신

젊은 구도자는 떠났고 우리가 아는 한 다시 돌아오지 않았다.

당신과 나는 이처럼 다른 사람의 마음을 들여다볼 수 없기 때문에 예수님께 나아오는 사람들에게 이와 똑같은 요구를 할 수는 없다. 성경 어디에도 사도들이 사람들에게 예수님을 따르기 위해서는 자신의 모든 소유를 실제로 팔라고 요구했다는 기록이 없다. 하지만 이 이야기가 분명히 하는 것은, 우리가 예수님께 나아올 때 우리 안에 예수님의 출입이 제한된 곳이 없어야 한다는 사실이다. 우리는 전제조건이나 제한사항을 가지고 나아올 수 없다. 영생을 얻기 위해 우리는 다른 모든 것을 기꺼이 내려놓아야 한다. 우리는 영생을 협상하기 위해 예수님께 나아오지 않는다. 완전한 굴복 가운데 나아온다. C. S. 루이스의 유명한 표현대로 "타락한 인간은 개선할 필요가 있는 불완전한 피조물이 아니라 손에 든 무기를 내려놓아야 하는 반역자다."[1]

"타락한 인간은 개선할 필요가 있는 불완전한 피조물이 아니라
손에 든 무기를 내려놓아야 하는 반역자다." _C. S. 루이스

예수님은 말씀하셨다.

너희 중의 누구든지 자기의 모든 소유를 버리지 아니하면 능히 내
제자가 되지 못하리라(눅 14:33).

무릇 내게 오는 자가 자기 부모와 처자와 형제와 자매와 더욱이
자기 목숨까지 미워하지 아니하면 능히 내 제자가 되지 못하고(눅
14:26).

그분의 말씀은 당혹스러울 정도로 강하다. "나의 부모와…
아내와 심지어 자녀들까지 미워하라?" 성경은 우리에게 이들을
사랑하고 공경하라고 명령하지 않는가?
　　예수님은 여기서 이들을 경멸하거나 이들의 해를 꾀하는
식의 미움을 뜻하셨을 리는 없는데, 그렇다면 부모를 사랑하고
공경하며 배우자를 위해 자신의 삶을 내려놓고 모든 사람, 심지
어는 원수의 유익을 구하라던 그분의 다른 가르침을 부인하는
것이 되기 때문이다. 오히려 그분의 말씀은 심지어 우리의 가장
친밀한 관계라도 미움처럼 보이게 할 정도로 그분을 향한 우리
의 헌신이 상당해야 한다는 의미다. 궁극적인 권위와 그것에 상

　　　　　　　　　　　　　　　　구원의 확신

응하는 충성이 어디에 있어야 하는지에 대해서는 의문의 여지가 없다.

첫 딸아이가 태어났을 때 우리는 애완견을 한 마리 기르고 있었다. 나는 그 개를 사랑했다. 그 개를 돌보았고 밥을 주었다. 하지만 그 개의 생명과 내 딸아이의 생명 중 하나를 선택해야 할 상황에 놓이게 된다면 나는 망설임 없이 딸아이를 선택할 것이다. 딸아이를 향한 내 사랑과 비교할 때 개를 향한 내 사랑은 미움처럼 보였다.

예수님이 절대적인 주님이시라는 사실을 이와 같이 인정하는 것이 회개다. 이것만이 하나님을 향한 올바른 유일한 자세다. 이것은 예수님이 복음을 전파하실 때 요구하신 첫 번째 반응이었다(막 1:15). 사도행전에 첫 번째로 기록된 설교를 볼 때 베드로의 입에서 가장 먼저 나온 말이기도 했다(행 2:38). 바울의 말에 따르면 예수님의 부활로 말미암아 하나님께서 "이제는 어디든지 사람에게 다 명하사"(행 17:30) 행하라고 말씀하신 것이기도 하다.[2] 회개를 떠나서는 하나님과의 화목도 없다.

회개는 믿음에 뒤따르는 것이 아니다. 믿음의 일부다. 이것은 행동하는 믿음, 즉 죄의 깨달음으로부터 흘러나오는 선택이다. 회개의 문자적 의미는 예수님에 대한 마음의 변화다(그리스어로는 *metanoia*인데 *meta*는 '~을 넘어서'를, *noia*는 '마음'을 뜻한다). 회개는 단순히 당신의 행동을 변화시키는 것이 아니다. 예수님의 권위와 영광에 대한 당신의 태도가 변했기 때문에 당신의 행동 역시 변화되는 것이다. 믿음과 회개는 너무나도 긴밀히 연결되어 성경은 이 둘을 교차적으로 사용한다. "아들을 믿는 자에게는 영생이 있고, 아들에게 순종하지 아니하는 자는 영생을 보지 못하고"(요 3:36).

회개는 당신이 예수님으로부터 상당한 영향을 받기 시작한다거나 당신의 방식을 상당 부분 개선한다는 의미가 아니다. 만일 당신이 그분의 가르침 중 99%를 따르면서 의도적으로 1%를 지연하고 있다면 당신은 회개한 것이 아니다. 당신은 여전히 어떤 99%에 굴복하고 어떤 1%를 유지할지를 선택하고 있고 이것은 당신이 여전히 통제권을 행사하고 있음을 의미한다. 당신은 예수님에 대한 당신의 마음을 정말로 바꾸지 않았다.

회개는 예수님이 주님이심을 인정하는 것을 의미한다. 이것에 대해 당신은 더 이상의 발언권이 없다. 당신은 그분이 우주의 절대적이고 정당한 통치자 되심을, 그리고 자신이 스스로를 다스릴 권한이 있는 것처럼 살아온 사람들이 그분에게 우주적인 반역을 범했음을 인식한다. 충분히 단순하지 않은가?

구원의 확신

실제로는 그렇지가 않다. 솔직해져 보자. 자신이 실제로 예수님께 100% 굴복했다고, 즉 그분이 자기 삶의 모든 영역을 통제하신다고 어느 누가 말할 수 있겠는가? 하나님은 매일 내 삶 속에서 여전히 자신이 통치하지 못하는 새로운 영역을 드러내시는 것만 같다. 심지어 위대한 성인들에게도 사각지대와 위선의 영역이 있지 않은가? 베드로는 한때 예수님을 부인한 적이 있지 않은가? 복음서는 연약하고 흔들리는 믿음을 가진 제자들의 이야기로 가득하다.[3] 다윗 왕은 간음과 살인을 저질렀고 그것에 대해 여러 달 동안 거짓말을 했지만 그는 한순간도 하나님께 사랑받는 자, 하나님의 마음에 합한 사람이지 않은 적이 없었다.

회개가 무엇인지에 대해 확실한 결론을 내리기 위해서는 그것이 무엇이 아닌지를 먼저 분명히 할 필요가 있는 듯하다.

이것은 회개가 아니다

단순히 죄인의 기도를 올려드리는 것

회개는 단순히 우리의 죄를 인정하고 용서를 구하는 기도를 올려드리는 것이 아니다. 결신의 자리로 나아가고 카드를 적어내고 공개적인 간증을 하는 것도 아니다. 근본적으로 회개는 손이나 입, 발의 움직임이 아니다. 오히려 마음의 움직임으로 우리가 그리스도를 향해 반역의 자세를 버리고 복종의 자세를 취하는 것이다. 회개는 외면의 행동으로 증명되나 그것과 동일하지는 않다.

우리의 죄를 후회하는 것

죄에 대하여 눈물을 흘리는 것이 회개와 동일하지는 않다. 사도 바울은 고린도후서 7:10에서 다음과 같이 말했다. "하나님의 뜻대로 하는 근심은 후회할 것이 없는 구원에 이르게 하는 회개를 이루는 것이요, 세상 근심은 사망을 이루는 것이니라." 바울에 따르면 세상 근심이 있고 이것 역시 눈물을 흘리게 할 수는 있지만 회개와는 무관하다. 아마도 이것은 수치나 후회, 자기 연민의 눈물일 것이다. 아니면 들켰다는 당혹감일 수도 있다. 이러한 감정들이 결국에는 회개로 이어질 수도 있지만 이들 자체가 회개는 아니다.

세례 요한은 회개에 합당한 열매를 맺으라고 말했고(눅 3:8) 이어 공정한 거래와 친절, 관대함, 합당한 예배를 포함하는 예시 목록을 제공했다. 그는 회개를 단순히 새로운 감정이 아닌 새로 우리의 눈물이 우리의 죄를 씻지 않는다.

오직 예수님의 피가 그렇게 한다.

운 행동과 동일시했다. 이와 같은 종류의 열매를 내지 못하는 사람들은 찍혀 불에 던져질 것이다(3:9). 자신의 죄에 대한 근심이 행동의 변화로 귀결되지 못하는 사람들은 회개한 것이 아니다.

죄의 자백

심지어 매우 상세하고 풍부한 감정으로서 죄를 자백하는 것도 회개와 동일하지는 않다. 많은 사람이 자백하는 내내 눈물을 흘리지만 곧바로 자신의 죄로 돌아간다. 이들의 자백은 자기 죄에 대한 마음의 변화가 아니다. 감정적인 카타르시스에 가깝다.

중요한 것은 감정적인 카타르시스가 구속적인 느낌을 줄 수도 있다는 사실이다. 친구 혹은 목사님이나 신부님에게 당신이 망쳐버린 부분을 털어놓고 그들로부터 모든 것이 괜찮아질 것이며 당신은 여전히 좋은 사람이라는 이야기를 듣는 것은 기분 좋은 일이다. 하지만 이들의 긍정이 당신과 하나님과의 관계를 회복시키지는 못한다. 오직 예수님만이 그렇게 하실 수 있다. 우리의 눈물이 우리의 죄를 씻지 않는다. 오직 예수님의 피가 그렇게 한다. 구원은 당신의 기분을 낮게 만드는 것이 아니라, 하나님 앞에서 당신에 대한 정죄를 실제로 제거하는 것이다.

내가 중고등부를 담임했을 때 기억하는 바에 의하면, 보통은 캠프의 마지막 날인 목요일 밤이면 고등학교 여학생들이 엄청난 후회의 눈물을 흘린다. 이때 즈음이면 학생들은 3일 연속 매일 평균 3시간 정도의 잠을 잤고 설교자는 마지막 밤을 위해 최고의 설교를 아껴둔 상태다. 찬양팀은 모든 사람이 좋아하는 곡을 연주한다. 목요일 밤 집회가 끝나갈 때 감정의 댐이 무너지고 세 번째 줄 가운데 있는 어떤 학생이 울기 시작하는데, 자신이 한 어떤 일에 대해 수치심을 느끼고 부모님이 그것을 알게 될까봐 두렵기 때문이다. 고등학교 여학생들에게 눈물은 하품과 같은 효과가 있어서 다른 누군가가 그렇게 하는 것을 보면 나도 갑자기 그렇게 하고 싶어진다. 따라서 바로 옆에 있는 여학생이 울기 시작한다. 그 옆 학생이 울기 시작한 것은 이들의 눈물이 자신이 얼마나 외로운지를 상기시켰기 때문이다. 그렇게 그 줄을 타고 눈물이 흘러간다. 곧 전체 학생이 앞으로 나와 울며 자신의 죄를 고백하고, 선교사가 되고, 서른이 되기까지 이성교제를 하지 않겠다고 약속한다. 이들은 손을 맞잡고 쿰바야(Kumbayah, 이곳에 임하소서)를 부르며 숙소로 돌아가 밤늦도록 자신이 그리스도인인 것이 얼마나 멋진 일인지를 이야기한다. 이들 마음의 변화는 보통 다음날 아침 10시 정도까지 이어지는데, 그러고는 내년 중고등부 캠프로 돌아와 똑같은 과정을 반복하기까지 이것을 잊어버린다. 이들은 눈물로 씻고 그것을 반복한다.

우리는 특별히 자백과 회개를 명확히 하는 것에 주의해야 하는데 이는 자백이 정결하게 하는 느낌을 줄 수 있기 때문이다. 많은 사람은 그 대상이 친구이든 혹은 배우자, 상담가, 목사, 예수님이든 상관없이 이들로부터 면죄를 구한다. 다만 누군가가 이들에게 "괜찮다"는 말을 해주기를 바란다. 그러나 성경적인 회개는 단순히 면죄를 위한 요구가 아니다. 우리의 죄에 대한 마음의 변화다. 예수님께 하는 눈물 젖은 죄의 자백이라도 그 죄를 향한 태도의 변화를 떠나서는 영생을 가져올 수 없다. 자백은 회개하는 과정의 일부이나 그것의 전부는 아니다.

바울은 하나님의 뜻대로 하는 근심이 생명으로 인도한다고 말했다. 하나님의 뜻대로 하는 근심은 변화된 마음의 열매다. 이런 종류의 근심은 눈물의 양이 아니라 방향의 변화로 측정된다. 야고보에 따르면 행함이 없는 믿음이 죽은 믿음이지, 눈물이

없는 믿음이 아니다. 그는 믿음이 행함으로써 드러난다고 이야기한다.[4]

종교적인 삶의 자세를 취하는 것

종교적인 삶의 자세를 취하는 것은 회개와 동일하지 않다. 종교적인 활동은 사실 참된 회개의 가장 흔한 대체물 중 하나다. 종교적 활동은 하나님과 거리를 유지하거나 우리 마음의 참된 상태를 가리기 위해 마치 우리가 지속하길 원하는 생활방식을 위한 자유를 구입할 수 있기라도 한 것처럼 돈으로 그분을 매수하려는 시도일 수 있다. '나는 교회를 너무 많이 가' 혹은 '나는 요즘 좋은 일을 너무 많이 했어' 그러니 '내가 딱 한 번 더 이것을 한다고 해도 하나님은 별로 개의치 않으실 거야'라고 우리는 생각한다. 이것은 우리에게 우리의 죄에 대한 마음의 변화가 없음을 보여준다. 다만 우리는 우리의 생각으로 하나님의 잔소리를 벗어날 공식을 발견해냈을 뿐이다.

사울 왕은 비슷한 일을 시도했는데 이것은 실제로 꽤나 값진 제물을 드려 하나님을 향한 자신의 반항적인 불복종을 은폐하기 위함이었다. 예언자 사무엘은 그의 화려한 제사에 대해 다음과 같이 반응했다.

구원의 확신

여호와께서 번제와 다른 제사를 그의 목소리를 청종하는 것을 좋아하심 같이 좋아하시겠나이까? 순종이 제사보다 낫고 듣는 것이 숫양의 기름보다 나으니(삼상 15:22).

바람을 피우는 남편이 아내를 위해 값비싼 선물을 구입하는 것은 자신의 부정을 인정하기 위함이 아니라 그것을 은폐하기 위함이다. 선물 구입은 자기 양심을 완화시키거나 자기 마음의 참된 상태에 대하여 아내를 속이려는 노력이다.

플래너리 오코너는 자신의 소설 『현명한 피』에서 "죄를 회피하는 유일한 길은 예수를 회피하는 것이라는…깊고 캄캄한 무언의 확신"에 사로잡힌 한 인물을 묘사한다.[5] 다른 말로 하면 그는 자신의 삶을 상대적으로 깨끗하게 유지함으로써 하나님을 대면해야 할 필요를 아예 회피할 수 있다고 생각한 것이다. 이것은 참된 회개에 대한 마귀의 종교적 대체물이다.

회개는 우리가 처벌 없이 계속해서 죄를 지을 수 있도록 하나님 앞에서 용서를 얻어내는 것이 아니다. 하나님께 복종하고 죄를 전적으로 멈추기를 구하겠다는 선택이다.[6] 회개는 우리의 행동을 수정한다는 의미가 아니라 기꺼이 하나님의 뜻을 구하길 시작하겠다는 의미다.

부분적인 굴복

회개는 부분적인 굴복, 즉 예수님으로 하여금 어떤 영역은 통제하시도록 하지만 다른 영역은 그렇게 하지 않는 것이 아니다. 예수님은 그분을 따른다는 의미가 '자기를 부인하고' '자기 십자가를 지는' 것이라고 말씀하셨다. 그분이 우리에게 부인해야 할 것들의 목록을 주지 않으셨다는 사실에 주목해야 한다. 그분은 우리가 바로 우리 자신, 즉 우리의 갈망의 중심과 의사 결정 능력, 정체성의 근원을 부인해야 한다고 말씀하셨다. 당시 십자가를 진다는 것은 자기 생명의 지배권을 모두 박탈당하는 것을 의미했다.

내 어린 시절의 주일학교 선생님은 이것을 다음과 같이 설명하곤 했다. "모든 마음에는 왕좌와 십자가가 있단다. 그리스도가 왕좌에 계시면 자아는 십자가에 있어야만 해. 하지만 자아가 왕좌에 있다면 그리스도는 십자가에 계셔야 할 거야."

내가 아내에게 다음 해에는 95% 신실한 남편이 되겠노라 자랑스럽게 선언했다고 상상해보자. 자, 이것은 아무리 엄격한 대학에서라도 A⁻의 성적이다. 하지만 내 아내는 들떠 하지 않을 것이다. 내가 알고 있는 100명의 여자들 중 다섯 명과 성적 관계를 맺고자 한다는 의미이기 때문이다. 이것은 A⁻ 등급의 충실함이 아니다. 전적인 부정이다.

당신이 형편껏 자유롭게 상대방의 생각을 받아들여도 그만 받아들이지 않아도 그만인 트위터에서 누군가를 따르는(팔로우하는) 것처럼 예수님을 따를 순 없다. 예수님을 따른다는 것은 그분이 당신의 삶에 오셔서 영향력을, 심지어 그것이 상당한 정도라고 해도 행사하시도록 하는 것이 아니다. 예수님을 따른다는 것은 모든 영역에서 당신이 그분의 말씀에 동의하든 동의하지 않든 그것에 상관없이 항상 복종하는 것을 의미한다.

예수님은 우리의 삶에 주님으로 오시거나 아니면 전혀 오시지 않는다. 내가 고등학생 때 인기였던 한 범퍼 스티커에는 다음과 같이 자랑스럽게 적혀 있었다. "예수님은 나의 부조종사이십니다." 추정하건대 이 말은 교통 체증을 당할 때 이들을 돕기 위해 예수님이 계신다는 의미였을 것이다. 얼마나 거꾸로인가. 예수님이 당신의 부조종사라면 누군가는 잘못된 자리에 앉아 있다. 이것은 그분의 차이고 우리는 그것을 훔쳤다. 회개는 운전석을 포기하고 그분께 "예수님, 우리가 어디로 가고 있나요?"라고 묻는 것을 의미한다. 그분은 단지 다정한 대화를 나누거나 가장 좋은 길을 안내하거나 차량이 고장 났을 때 우리를 도우려고 우리의 도난 차량에 합류하신 것이 아니다. 그분은 우리가 그분으로부터 훔친 것을 되찾기 위해 오셨다.

많은 사람이 예수님을 대하기를 내가 내 자동차 대시보드에서 살고 있는 젊은 영국 여성을 대하듯 한다. 나는 그녀에게 내가 가고 싶은 곳을 이야기하고 그녀는 내게 최적의 길을 조언한다. 내가 그 조언을 무시하기로 결정할 때 그녀는 인내로 "경로를 재탐색합니다"라고 이야기하며 내 새로운 선택에 자신을 맞추어준다. (내 결혼 생활 중 최악의 순간 하나는 아내와 사소한 말다툼을 하다 내가 다음과 같이 말했을 때였다. "당신은 좀 저 영국 여자처럼 할 수 없어? 내가 자기가 원하는 대로 하지 않아도 저 여자는 잔소리도 않고 그저 인내하며 내 새로운 계획에 자신을 맞추어주잖아." 아내는 곱게 반응하지 않았고 예수님 역시 이와 같은 방식으로 자신을 대하는 사람들에게 마찬가지이시다.) 예수님은 당신의 부조종사나 영국식 억양의 길 안내자로서 오시지 않는다. 그분은 당신의 주님이자 주인으로 오신다. 제라드 윌슨의 말대로 "예수님이 기꺼이 성사시키시려는 유일한 거래는 당신의 죄책을 의로움으로 바꾸어주시는 대신 당신의 전적인 굴복을 받아내시는 것뿐이다."[7] 우리에게 이것은 믿기 어려운 거래이지만 올인(all-in)을 요구하는 거래이기도 하다.

많은 사람이 예수님을 대하기를 내가 내 자동차
대시보드에서 살고 있는 젊은 영국 여성을 대하듯 한다.
나는 그녀에게 내가 가고 싶은 곳을 이야기하고
그녀는 내게 최적의 길을 조언한다.

완벽함

아마도 이즈음이면 당신은 압도된 느낌을 받을 것이다. 당신은
이야기한다. "하지만 솔직히 누가 예수님이 자신의 삶 전체에 걸
쳐 주님이심을 주장할 수 있겠어요? 회개가 자신을 모순 없는 완
벽한 삶으로 인도했다고 말할 수 있는 사람이 어디 있겠어요?"

　　예수님과 3년을 동행하고도 하룻밤 사이 세 번이나 그분을
부인한 베드로도 아니었다. 베드로는 성령으로 충만해지고 기독
교의 위대한 설교자들 중 하나가 되고 난 후에도 위선과 비겁함,
인종차별주의와 지속적으로 씨름했다. 한번은 그의 모순이 너무
심해서 바울은 그를 공개적으로 책망해야 했다.[8]

　　간음한 자, 살인자, 은폐의 예술가, 이 모든 일을 '하나님의

마음에 합한 자'라 불리고 그토록 위대한 다수의 시편을 지은 후에 저질렀던 다윗 왕도 아니었다. 하나님께 대해 인내하지 못하고 그분의 지혜에 도전하여 그분으로부터 책망을 받아야 했던 욥도 아니었다(욥 40:1-5; 42:1-6).

예수님이 심문받으실 때 그분을 버린 예수님의 제자들도 아니었다. 자신이 인정한 대로 욕설과 음주를 많이 했을 뿐 아니라 맹렬한 반유대주의자로서 삶을 마감한 위대한 종교 개혁가 마르틴 루터도 아니었다. 주로 자신의 이기심 때문에 끔찍한 결혼 생활을 했던 미국 대각성 운동의 주요 지도자들 중 하나인 존 웨슬리나, 그와 동일한 문제를 가졌던 A. W. 토저도 아니었다.

심지어 자신을 끊임없이 낙심시키는 죄와의 씨름에 대해 이야기한 바울도 아니었다. 그의 말에 따르면, 그의 교만은 통제를 벗어난 나머지 하나님은 그를 겸손하게 하시기 위해 그에게 육체의 가시를 주셔야만 했다.[9] 그는 자기 자신의 마음을 다음과 같이 인정했다.

내 속사람으로는 하나님의 법을 즐거워하되 내 지체 속에서 한 다른 법이 내 마음의 법과 싸워 내 지체 속에 있는 죄의 법으로 나를 사로잡는 것을 보는도다. 오호라, 나는 곤고한 사람이로다. 이 사망의 몸에서 누가 나를 건져내랴(롬 7:22-24).

나는 이와 같은 바울의 감정을 잘 안다. 나는 분명히 내 회개가 완벽한 일관성의 삶으로 귀결되었다고 말할 수 없다. 나는 똑같은 죄에 백 번을 빠지고 하나님이 어떻게 우리를 자신의 것이라고 부르실 수 있는지를 의아해하는 것이 무엇인지를 안다.

회개가 완벽함이라면 이들 중 누구도 회개하지 않았다. 하지만 회개는 당신의 마음이 연약하고 나누어졌으며 서로 상반되는 방향으로 이끌린다는 사실을 알면서도, 예수님의 권위를 인정하고 그것에 복종하는 것을 의미한다. 회개는 당신의 일관성 없고 나누어진 마음을 변화시켜달라는 하나님을 향한 간청을 포함한다(시 86:11; 막 9:24).

맞다, 예수님은 그 부유하고 젊은 관리를 돌려보내셨는데 그것은 그가 예수님이 무엇을 명령하시든 자신의 재물을 놓지 않기로 결심한 것을 보셨기 때문이다. 하지만 복음서에서 예수님이 받아들이신 사람들 중 다수가 두려움과 의심을 가지고 나아왔다. 예수님께 나아오고 나서도 오랫동안 이러한 모순과 씨름한 이들도 많았다. 하지만 예수님은 이들을 환영하셨을 뿐 아니라 이들의 큰 믿음과 장래의 가능성으로 인해 이들 중 다수를 칭찬하셨다.

아리마대 요셉이라는 제자는 사실 예수님께 사형을 선고한 공회의 일원이었다. 그는 예수님의 죽음에 동의하지는 않았지만 그의 반대는 동의하는 목소리에 묻혀버릴 만큼 소심했다. 사실 요한은 그를 숨은 제자라 부르고 그가 두려워 자신의 믿음을 적어도 처음에는 비밀로 했다고 이야기한다. 하지만 그는 여전히 제자라 불렸다.[10] 누가복음과 요한복음은 예수님의 시신을 가져간 그의 조용한 행동을 칭찬받을 만한 믿음의 행위로 소개한다.

복음서의 또 다른 사람은 예수님께 기적을 요구하는 대담함을 지녔지만 예수님이 실제로 그것을 행하실 수 있는지는 확신할 수 없다는 사실을 인정했다.[11] 이와 같이 흔들리는 믿음에도 불구하고 예수님은 그를 위해 기적을 베푸셨다.

성령이 이와 같은 이야기들을 신약에 기록하신 것은 참된 회개가 완벽한 일관성을 가지고 사는 것을 의미하지 않는다는 사실을 가르치시기 위함이라고 나는 믿어 의심치 않는다.

구원의 확신

회개는 이것이다

이제 우리는 회개가 무엇인지를 더 잘 이해할 만한 단계에 와 있을 것이다. 몇 가지 결론을 도출해보자.

회개는 투쟁의 부재가 아니라 굳어버린 반항의 부재다

회개는 예수님이 그분 되심으로써 모든 것의 주님이심을 인정하는 것이다. 그분과의 의견 불일치가 무엇이든, 그것이 낙태, 혼전 성관계, 동성애, 관대함 혹은 다른 무엇에 대한 입장이든, 그분이 옳고 당신이 틀리다. 그분의 모든 방식을 아직은 이해하지 못한다고 해도 당신은 결정권이 그분께 있음을 인정한다. 여기에는 더 이상의 말이 필요 없다. 이것은 당신이 그분의 말씀들을 행한다는 뜻이다. 예수님은 말씀하셨다. "너희는 나를 불러 주여, 주여 하면서도 어찌하여 내가 말하는 것을 행하지 아니하느냐?"(눅 6:46)

우리가 나누어진 마음과 지속적으로 씨름하는 동안 궤도는 정해졌고 논쟁의 승자는 선포되었다. 우리는 목표를 향해 고군분투한다. 우리는 특별히 처음에는 서 있기보다는 더 많이 넘어지고 뛰기보다는 더 많이 기어간다. 우리의 마음이 믿음보다는 믿지 못함으로써 더 많이 장악되었음을 발견하기도 한다.

하지만 그런 투쟁의 저변에는 예수님이 옳고 우리가 항복하여 그분이 인도하시는 곳으로 따르겠다는 합의가 깔려 있다. 우리의 육신은 그분의 권위에 저항하는 반면 우리의 마음은 동의한다.

로마서 7:22-24에 기록된 바울의 고백이 그것을 말하고 있지 않은가?

"내 자신이 마음으로는 하나님의 법을, 육신으로는 죄의 법을 섬기노라"(롬 7:25). 이것은 분명 나의 투쟁에 대한 정확한 묘사다. 내 육신은 그분을 대항하여 싸움에도 불구하고 내 가장 깊은 속사람은 하나님을 즐거워하고 그분께 복종한다. 당신은 다음과 같이 말할 수 있다. "하지만 저는 하나님을 즐거워하지 않고 죄를 더욱더 즐거워할 때가 있는걸요." 하지만 당신은 깊은 곳으로부터 적어도 하나님을 갈망하기를 갈망하고 있지 않은

복음에 대한 믿음은 '결코 넘어지지 않는 것'으로가 아니라

넘어졌을 때 무엇을 하느냐로 입증된다.

구원의 확신

가? 이것은 거기서 시작한다.

다음을 생각하라. 복음에 대한 믿음은 '결코 넘어지지 않는 것'으로가 아니라 넘어졌을 때 무엇을 하느냐로 입증된다. 바울은 종종 넘어졌으나 매번 하나님을 바라보며 다시 일어났으며, 하나님의 용서와 예수님이 자신 안에서 시작하시고 이루실 줄을 확신한 그 과정을 인하여 하나님께 감사했다(롬 7:25; 빌 1:6).

복음을 믿는 자들은 넘어질 때 회개의 자세를 새롭게 하고, 선물로 주어지는 그리스도의 의를 다시금 끌어안으며, 승리의 약속을 인하여 하나님께 감사하고 다시금 일어난다. 복음을 믿지 않는 자들은 실패 속에서 뒹군다. 이들은 자신이 잘할 때에는 교만으로 날아오르고 흔들릴 때에는 절망으로 곤두박질친다.

나는 잠언의 표현을 사랑한다. "의인은 일곱 번 넘어질지라도 다시 일어나려니와"(24:16). 의인은 결코 넘어지지 않는 사람이 아니라 언제나 다시 일어나는 사람이다. 길을 걷다가 넘어지는 사람을 본다면 당신은 키득거리며 친구에게 그것을 가리켜 보일 것이다. 두 번을 넘어지더니 또 넘어지려고 한다면 핸드폰을 꺼내 영상을 찍어 그곳에 함께 있지 않은 친구들에게 보낼 것이다. 네 번 다섯 번을 넘어진다면 그것을 유튜브에 올릴 것이고 그 비디오는 유명해질 것이다. 일곱 번을 넘어진다면 그 사람에게 무언가 문제가 있다는 결론을 내리고 유튜브에 올린 것을 후회할 것이다. 하지만 하나님은 의인이 일곱 번을 넘어진다고 말씀하신다. 의인은 너무 많이 넘어져 때로는 걷지 못하는 사람처럼 보이기도 한다. 하지만 그는 예수님을 바라보며 매번 다시 일어난다.

믿음은 의심의 부재가 아니다. 의심 가운데서도 예수님을 지속적으로 따르는 것이다. 문명을 한 번도 접해보지 못한 어떤 사람이 자신의 갓난아이에게 필요한 의약품을 구하기 위해 갑자기 아이를 데리고 멀리 있는 병원까지 비행기를 타고 가야만 한다고 생각해보자. 이들 안에 있는 모든 것이 두려움으로 소리친다. 그러나 이들은 발버둥을 치면서도 비행기 안으로 자신을 끌고 들어간다. 이들의 전 자아가 그것에 저항하지만 갓난아이를 살리고 싶은 갈망이 두려움을 극복하고 비행기에 오르게 한다.

회개는 이와 똑같은 방식으로 이루어지곤 한다. 우리는 우리의 갈망과 두려움, 혼란을 죽이는데 왜냐하면 이것들보다 예수님이 더욱 중요하다는 사실을 알기 때문이다. 예수님이 유독 어려운 가르침을 전하자 많은 사람이 예수님을 떠났고, 그분이 제자들에게 "너희도 가려느냐?"고 물으셨을 때 베드로는 다음과 같이 대답했다. "영생의 말씀이 주께 있사오니 우리가 누구에게

구원의 확신

로 가오리이까?"(요 6:67-68) 베드로는 다음과 같이 말하지 않았다. "물론 아닙니다. 저는 당신이 말씀하신 것을 모두 이해할 수 있습니다." 그의 말은 본질적으로 다음과 같았다. "예수님, 이것에 대해서는 저도 당신을 이해할 수 없지만 만일 저의 의심이 당신을 떠나도록 종용한다 해도 저는 결코 그것을 따르지 않을 것입니다. 저는 저의 의심과 함께라도 당신을 따를 것입니다. 당신을 위해서는 위험도 감수할 수 있습니다."

마찬가지로 우리는 죄와 투쟁하면서 지속적으로 예수님을 따른다. 회개는 우리를 더욱 큰 투쟁의 삶으로 인도하지, 그것으로부터 끌어내지 않는다. 그리스도를 영접했을 때 알코올 중독이나 분노, 동성에 대한 관심과 같은 특정한 죄의 갈망으로부터 즉시 놓임을 받은 사람들의 이야기를 들어보기도 했지만 15년 목회 경험으로 볼 때 이것은 새 신자들의 일반적인 경험은 아니다. 사도 바울과 같이 그리스도인들은 남은 생애 동안 지속적으로 죄와 투쟁하는 데 종종 실패하기도 한다. 투쟁은 이들의 새로운 본성의 증거다. 이들은 넘어지기도 하나 그럴 때 그분을 향해 언제나 다시 일어난다.

따라서 회개는 투쟁의 부재가 아니다. 굳어버린 반항의 부재다. 복음서에는 예수님을 주님이 아닌 구세주로만 영접한 이들이라는 분류가 존재하지 않는다. 하지만 다행스러운 것은 감사하게도 투쟁하고 퇴보하는 이들을 위한 자리가 많다는 점이다.[12]

회개는 단순히 죄를 멈추는 것이기만 한 것이 아니라 동시에 예수님을 따르기 시작하는 것이다

많은 사람이 회개를 단순히 나쁜 일을 멈추고 명령 어기기를 그치고 그만하는 것으로만 해석한다. 하지만 예수님은 우리를 그분의 제자로 부르셨고 이것은 그분의 뜻과 사명을 적극적으로 좇는 것을 의미한다.

> 누구든지 나를 따라오려거든 자기를 부인하고 자기 십자가를 지고 나를 따를 것이니라. 누구든지 자기 목숨을 구원하고자 하면 잃을 것이요, 누구든지 나와 복음을 위하여 자기 목숨을 잃으면 구원하리라(막 8:34-35).

사명에의 참여는 순종 2.0이나 '백금 메달 제자도' 같이 여러 해가 지난 후에 몇 명의 특별한 제자들만이 받았던 특별한 부르심이 아니었다. 이것은 나를 따르라는 최초의 부르심에 내재되어 있었다.[13] 예수님을 따르려는 모든 이를 위한 것이었다.

구원의 확신

당신은 이 땅에서 하나님의 뜻을 좇기 위하여 영적 은사를 사용해 대위임령에 적극적으로 참여하고 있는가?

구약에서 예언자 미가는 다음과 같이 말했다.

사람아, 주께서 선한 것이 무엇임을 네게 보이셨나니, 여호와께서 네게 구하시는 것은 오직 정의를 행하며 인자를 사랑하며 겸손하게 네 하나님과 함께 행하는 것이 아니냐(미 6:8).

그리고 모세는 이야기했다.

이스라엘아 네 하나님 여호와께서 네게 요구하시는 것이 무엇이냐? 곧 네 하나님 여호와를 경외하여 그의 모든 도를 행하고 그를 사랑하며 마음을 다하고 뜻을 다하여 네 하나님 여호와를 섬기고…여호와의 명령과 규례를 지킬 것이 아니냐(신 10:12-13).

예수님을 따르는 것은 그분과 함께 행하는 것이다. 그분과 함께 행하는 것은 그분을 사랑하고, 섬기고, 이 땅에서 그분의 정의와 자비를 추구하는 것이다. 제자도는 몇 가지 악한 일을 멈추는 수동적인 자세가 아니다. 우리는 정말로 선한 것들 역시 많이 시작해야 한다.[14] 당신은 교회에 정기적으로 출석해왔는가? 당신의 영적 은사를 발견하고 있는가? 선교를 위하여 재정적·희생적으로 헌신하고 있는가?

회개는 성령이 일으키시는 갈망의 변화를 수반한다

7장에서 더 깊이 다루겠지만 회심은 실질적이며 성령이 유도하시는 갈망의 변화를 포함한다. 회개는 본질상 성령이 창조하시는 마음의 변화다.

구원의 순간은 신학자들이 거듭남이라고 부르는 순간을 포함하는데, 이때 하나님은 우리의 마음을 그분의 형상으로 새롭게 하신다. 바울은 이것을 다음과 같이 표현한다.

누구든지 그리스도 안에 있으면 새로운 피조물이라. 이전 것은 지나갔으니 보라! 새 것이 되었도다(고후 5:17).

회심할 때 하나님은 당신의 영적인 욕구를 변화시키신다. 당신은 죄가 아니라 의를 갈망하기 시작한다. 그리스도는 당신에게 단순한 역사적 인물이나 범접할 수 없는 통치자가 아니라 그 이상이 되신다. 당신이 소중히 여기는 아버지이자 아끼는 친구가 되신다. 이전 것에 대한 끌림은 그리스도의 심히 큰 영광 속에서 점차 사라지기 시작한다.

갈망의 변화는 예수님을 따르기로 한 당신의 선택을 통해 가장 먼저 입증된다. 깨우치시는 성령의 사역을 떠나서는, 당신은 결코 모든 것을 저버리고 그리스도를 따르기로 선택하지 않을 것이다. 몇 번에 걸쳐 그 선택을 제안받든지에 상관없이 당신은 언제나 죄 가운데 머물기로 선택할 것이다. 이렇게 생각해보라. 자신이 새라고 믿는 어떤 사람이 고층 건물의 창가 난간에 서 있다. 당신이 뒤에서 다가가 안전한 곳으로 다시 내려올 기회를 제안한다. 그는 자신이 날 수 있다고 확신하기 때문에 당신의 제안을 결코 받아들이지 않을 것이다. 당신이 그 선택을 제안할 때마다 그는 뛰어내리기로 선택할 것이다. 하지만 당신에게 온전한 정신을 회복시켜주는 혈청을 투여할 능력이 있다고 상상해보자. 이제 그가 온전한 정신일 때 당신은 똑같은 선택을 제안한다. 강요하지 않아도 그는 당신의 제안을 받아들일 것이다. 매번.

두 경우 모두 선택은 그의 몫이었지만 '자유로운' 선택은 그의 온전한 정신을 반영한다. 회개하고 믿고자 하는 우리의 선택은 언제나 우리 안에서 먼저 행하시는 하나님의 사전 사역을 반영한다. 바울의 말대로 우리 안에서 행하시며 자신의 기쁘신 뜻을 위하여 우리로 행하게 하실 뿐 아니라 행하고자 하는 소원을 주시는 이는 하나님이시다(빌 2:13).

이것은 회개에서 우리가 맡은 적극적인 역할을 경시하기 위함이 아니다. 우리의 갈망을 변화시켜주는 분은 하나님이시지만 그것에 복종하기로 선택하는 것은 우리들이다. 많은 사람이 그들의 마음을 잡아당기시는 하나님을 느끼지만 그것을 거절하고, 예수님은 그 책임을 정확히 그들에게로 돌리신다. 1세기의 믿지 않던 유대인들에게 그분은 "나는 너희를 모은 적이 없다"고 말씀하지 않으셨고, "내가 너희를 모으려 한 일이 몇 번이더냐? 그러나 너희는 내게로 오지 않았다"고 말씀하셨다.[15]

솔직히 이것, 즉 우리로 하여금 선택하게 하시는 하나님과, 그 선택을 하는 우리가 어떻게 함께 역사하는지는 잘 모르겠다. 하지만 내가 아는 것은 만일 당신에게 지금 그 선택을 하고 싶은 갈망이 조금이라도 있다면 그것은 당신 안에서 하나님이 역사하신 결과라는 것이다.[16] 또한 바로 지금 그 선택을 하고 싶다면 그렇게 해도 좋다. (만일 그 선택을 하고 싶은지에 대해 당신의 마음이 나누어져 있다고 해도 좋다. 당신이 그 선택을 하기 전 예수님이 당신의 마음 속에서 또 다른 무언가를 행해주시기를 가만히 앉아 기다리지는 말라. 그분은 당신의 기분이 어떠하든 당신이 오늘 그것을 선택하기를 요구하신다. 복

구원의 확신

음서에서 예수님은 의심과 나누어진 마음으로 가득했던 이들을 받아주셨고 그들과 마찬가지로 당신 역시 받아주실 것이다.)

회개는 성령이 일으키시는 갈망의 변화를 수반하기 때문에 회개와 믿음은 본질상 두 가지 별개의 행위가 아니라 하나, 즉 같은 동전의 양면이다. 우리가 죄로부터 돌아서는 것은 오로지 하나님이 죄보다 더욱 크심을 보기 때문이다. 하나님을 믿는 것은 다른 무엇을 믿지 않는 것과 동일한 의미다. 바울은 데살로니가 교인들이 우상을 버리고 하나님께로 돌아왔다고 이야기했다 (살전 1:9).

19세기 영국의 목회자 찰스 스펄전은 이것을 다음과 같이 요약했다.

"회개는 다만 심경의 변화다"라고 말하는 대신 이것은 대단하고 깊은 변화, 심지어는 마음 자체의 변화라고 말하는 것이 내게는 더욱 진실한 듯 보인다.[17]

마음이 진실로 변화되었을 때, 회개는 자연스럽고 불가피한 결과다.

그렇다면 그런 마음의 변화가 당신에게 일어났는지를 어떻게 알 수 있을까? 다시 한번 죄를 완전히 멈추었거나 죄에 대한 모든 갈망을 잃어버렸기 때문이 아니다. 우리는 죽는 날까지 육신과 씨름할 것이다. 당신이 하나님에 대한 필요와 예수님을 떠나서는 영원으로 들어갈 수 없다는 사실을 깨달았다면 이것 자체가 성령께서 주시는 계시다(요 16:8-9). 예수님이 주님이시라는 사실과 그분을 거스르는 자리에 서는 것이 무모하다는 사실을 아는 것도 마찬가지다(고전 12:3; 잠 1:7).

덧붙여 이런 변화의 증거는 한 번에 갑자기, 즉 찰나의 순간에 당신이 혼외정사를 경멸하고 성경 공부와 긴 시간의 기도, 현대 기독교 음악에 대한 깊은 열정을 개발하는 것으로 나타나지 않는다. 그리스도가 완수하신 사역으로 인해 하나님이 당신을 법적으로 의롭다 선언하시는 칭의와, 살아 계시고 부활의 능력이 되시는 성령을 당신 마음에 불어넣어 주시는 거듭남은 단번에 일어나는 반면, 경건의 열정은 시간을 두고 당신 안에서 자라간다.

앞서 지적했듯이 바울이 이야기했던 우리의 가장 깊은 속사람의 갈망은 때로 다만 그런 갈망을 갈망하는 것에서 시작한다. 낙심하지 말라. 하나님을 갈망하기를 갈망하는 것은 그분을 향해 깨어난 마음의 첫 번째 반향이다.

이런 의미에서 복음은 작게 시작하여 강건한 나무로 자라가는 씨앗과 같다.[18] 그 초목이 성장하는 속도가 느린 듯하다고 낙담하지 말라. 그것에 집중하기를 멈추고 대신 예수님께 집중하라. 그분이 완성하신 사역을 의지하는 것이 당신을 가장 빠르게 성장시킬 것이다. 심어놓은 씨앗의 경과를 분석하기 위해 며칠이 멀다 하고 꺼내어 본다면 당신은 그것의 느린 진행에 실망하는 것은 물론 그것의 성장을 방해하고 말 것이다. 그러나 씨앗이 땅 속에 머물도록 해준다면 그것은 곧 무성한 나무가 될 것이다. 사실 성장이 느껴지지 않을 때라도 확신 가운데 인내하는 것은 믿음의 과정의 일부다.

따라서 당신의 시선을 예수님께로 고정하라. 당신의 마음속 새 생명의 씨앗에 복음이라는 말씀의 물을 주어라. 당신을 향한 하나님의 용납이 당신이 맺은 영적 열매의 양이 아니라, 그리스도가 완수하신 사역에 기초한다는 사실을 매일같이 기뻐하라. 그 사실을 지속적으로 응시하라. 예수님의 표현을 빌려보자

당신의 마음속 새 생명의 씨앗에 복음이라는 말씀의 물을 주어라.

면 그 안에 거할 때 당신은 열매를 많이 맺을 것이다.[19] 예수님은 복음의 씨앗이 우리의 마음을 흥분시킬 정도로 많은 열매를 맺으리라고 말씀하셨다. 바울은 이것이 우리가 구하거나 생각하는 모든 것에 더 넘칠 것이라고 이야기했다.[20]

하늘의 비밀, 나를 대신하여 회개하신 예수님

이번 장은 내가 회개에 대하여 위로와 깊은 신비를 동시에 발견한 한 가지 또 다른 생각으로 마무리하고 싶다.

대학 1학년 시절, 무엇이 참된 회개에 자격을 부여하는지 밝혀내기 위해 성경을 샅샅이 뒤지는 동안 나는 다음의 질문들로부터 벗어날 수가 없었다. "내가 정말로 예수님께 합당할 만큼 충분히 회개하는 것이 가능할까? 그분의 주인 되심에 충분히 반응하는 것이 가능할까? 내 죄에 대해 충분히 후회하는 것이 가능할까?" 내 최고의 회개와 가장 온전한 굴복이라고 해도 예수님께 합당한 것으로부터는 거리가 멀었다. 나는 하나님이 나를 보시고 다음과 같이 결코 말씀하실 수 없다는 사실을 알았다. "네 회개는 온전하다. 너는 너의 죄를 충분히 후회했다. 너는 내 영광

구원의 확신

에 마땅한 무게를 부여했다."

그런 생각은 나에게서 평안을 빼앗아갔다. 그러다가 마태
복음 3:1-17에 나오는 예수님의 이상하고 짤막한 세례 이야기
에 대한 N. T. 라이트의 설명을 접하게 되었다.[21] 세례 요한은 '회
개의 세례'를 베풀고 있었다. 유대인들과 로마 군병들을 비롯하
여 온갖 종류의 죄인들이 자신의 죄를 회개하며 세례를 받고자
그에게로 나왔다. 하나님을 향한 회개의 상징으로서 이들이 세
례를 받았을 때 요한은 이들에게 다음과 같이 명령했다. "그러므
로 회개에 합당한 열매를 맺고"(3:8).

어느 날 오후 예수님이 세례를 요구하시며 물속으로 걸어
들어오셨다. 요한은 당연히 반대했다. "당신이 왜 '회개의 세례'
를 받으셔야 합니까?" 정말이다. 예수님이 회개하셔야 할 것이
무엇인가? 그분은 한 번도 죄를 지은 적이 없으시다.

그러나 예수님은 요한에게 모든 의를 이루기 위하여 그것
을 행하는 것이니 자신을 거절하지 말라 말씀하셨다(마 3:15).

그 세례가 누구의 의를 이루겠는가? 그분의 의는 이미 온전
했고, 더 이상 온전해질 수 없었다. 그가 이루신 것은 다름 아닌
나의 의였다. 그분은 그것이 참으로 의롭다 불릴 수 있도록 회개
하시며 나를 대신하여 회개의 세례를 받으셨는데, 이것은 그분

의 죽음이 내 죽음을 위한 완벽한 대체물이 되도록 하시기 위함이었다.

그분은 내가 살아야만 했던 모든 삶을 사셨다. 그분은 나를 대신하여 모든 것을 완벽하게 행하셨다. 따라서 내게 좋은 소식이란 내가 완벽하게 회개할 필요가 없다는 것인데 이는 그분이 나를 위하여 그렇게 하셨기 때문이다. 청교도들이 이야기했던 대로 "심지어 우리의 회개의 눈물조차 어린 양의 피로 씻겨져야만 한다."

이것은 우리가 그리스도께로 나아올 때 그분의 주인 되심을 인정하고 그것에 복종해야만 한다는 사실을 부인하는 것이 아니다. 다만 우리가 그분의 인정을 얻기 위한 방편으로 완벽히 회개해야만 할 것 같은 무게감을 덜어줄 뿐이다. 예수님이 그것을 얻어내셨다. 따라서 그것을 믿고 그것에 복종하라.

영국 성공회 목회자였던 어거스터스 몬테규 토플래디가 1763년 다음과 같이 노래했을 때 이것을 감지했음이 틀림없다. "쉼이 없이 힘쓰고 눈물 근심 많으나 구속 못할 죄인을 예수 홀로 속하네.…만세 반석 열리니 내가 들어갑니다."

할렐루야, 얼마나 놀라운 구주이신가!

당신은 정말로 회개했는가?

당신은 당신의 죄를 정말로 회개했는가? 당신은 기도를 올려드렸고 결신의 자리로 나아갔으며 온갖 종류의 종교적 활동에 참여해왔을 수 있지만, 그리스도의 주인 되심은 한 번도 진지하게 받아들인 적이 없었다. 그리스도의 주인 되심을 향한 당신의 태도가 변화되지 않았기 때문에 당신의 삶은 실제로 변화되지 않았다.

나는 종종 많은 그리스도인이 머리와 가슴 사이의 거리인 45cm를 두고 천국에 들어가지 못할 것이라는 이야기를 듣는다. 당신이 그 사람이 되지 말라. 당신이 그리스도에 대하여 사실로 아는 바가 당신의 영혼을 사로잡고 당신의 행동에 명령하도록 하라. 회개하라.

존 파이퍼의 말을 빌리자면 "하나님을 모독하고 그리스도를 경시하는 모든 인식과 성향 및 의도를 하나님을 귀중히 여기고 그리스도를 높이는 것들로 대체"하는 선택을 하라.[22]

'한번 받은 구원이 영원한 구원'이라면
성경은 왜 우리의 구원을 잃어버리는 것에
대해 그렇게 자주 경고할까?

STOP

ASKING

JESUS

INTO

YOUR

HEART

나는 복음 전도지를 사용해서 복음을 전하도록 배웠다. 이것에 익숙하지 않은 사람이라면 복음의 요점을 설명하고 대답을 요구하는 짤막한 삼단 팸플릿을 떠올려보라. 간단명료하며 두운을 맞춘 버전에서 신문 투의 친숙한 만화 버전, "여기 진짜 조언이 있습니다, 예수님을 믿으세요"라고 적힌 가짜 만 원짜리 지폐 버전까지 우리 교회의 선반에는 복음 전도지가 가득했다. 만화 전도지는 고급스러웠고 귀신들이 사람들에게 흠정역 외 다른 번역의 성경을 읽으라고 강요하는 무서운 그림과 함께 재미있는 주제를 여러 장에 걸쳐 내세우고 있었다.

우리는 이 전도지들을 식당 종업원이나 비행기 옆 좌석에 앉은, 특히 수심이 가득한 사람들에게 나누어주는 법을 배웠다. 개인적인 대화가 불편하다면 전도지를 공중 화장실에 몰래 두고 나오거나, 반납하는 도서관 책 사이에 끼워두거나, 아니면 내가 좋아했던 방법 중 하나로서 다음 차의 통행료를 대신 지불하면서 요금소 직원에게 그것을 전달해달라 부탁할 수도 있었다. 심지어 시속 60km로 운전하면서 옆에 둔 그것을 집어 들어 길가에 서 있는 사람의 발에 떨어지도록 던지는 법을 알려준 목사님도 있었다.

이것이 농담이었으면 좋겠다.

전도지를 이용해서 복음을 제시하는 동안 누군가 그리스도를 영접했다면 우리는 이 새로운 회심자에게 전도지 뒷면에 친절하게 기록되어 있는 많은 내용을 설명해주도록 훈련받았다. 우리는 성경 읽기와 기도, 교회 출석을 강조해야 한다. 또한 구원의 확신을 주어야 하는데 보통은 다음과 같다. "이제 당신이 그리스도를 믿었으니 그분은 당신을 결코 버리지도 떠나지도 않으실 겁니다. 영원히요. 요한복음 10:29은 아무도 그리스도 안에 있는 자들을 하나님의 손에서 빼앗을 수 없다고 이야기합니다. 따라서 이제부터 당신은 누가 뭐라고 해도 구원을 받았습니다. 하나님의 가족이 되신 것을 환영합니다."

구원의 확신

성경은 무엇을 말하는가?

분명히 말해 나는 성경이 '한번 받은 구원은 영원한 구원'임을 가르친다고 믿는다. 예수님은 이것에 대하여 매우 분명하셨다.

> 아버지께서 내게 주시는 자는 다 내게로 올 것이요, 내게 오는 자는 내가 결코 내쫓지 아니하리라.…나를 보내신 이의 뜻은 내게 주신 자 중에 내가 하나도 잃어버리지 아니하고(요 6:37, 39).

이 구절에서 "다"와 "결코"라는 단어가 얼마나 많이 사용되는지에 주목하라. 아버지께서 예수님에게 주시는 자는 모두 다 그분에게로 온다. 그분은 하나도 내쫓지 않으시고 하나도 잃어버리지 않으신다. 마지막 날에 그분은 아버지께서 주신 자를 다 살리신다.

또 다른 곳에서 예수님은 말씀하셨다.

> 내 양은 내 음성을 들으며 나는 그들을 알며 그들은 나를 따르느니라. 내가 그들에게 영생을 주노니 영원히 멸망하지 아니할 것이요 또 그들을 내 손에서 빼앗을 자가 없느니라(요 10:27-28).

예수님은 자신의 양들에게 영생을 주시고, 이들은 영원히 멸망하지 않으며, 원수가 아무리 기를 쓰고 노력해도 예수님의 자녀들을 그분의 손에서 빼앗을 수는 없다.

바울은 이에 동의한다.

하나님이 미리 아신 자들을 또한 그 아들의 형상을 본받게 하기 위하여 미리 정하셨으니…또 미리 정하신 그들을 또한 부르시고 부르신 그들을 또한 의롭다 하시고 의롭다 하신 그들을 또한 영화롭게 하셨느니라(롬 8:29-30).

이 과정 속에서 어느 누구라도 잃어버릴 여지는 없다. 그는 하나님이 미리 정하시고 부르신 이들의 대부분을 또한 의롭다 하시고 영화롭게 하신다고 말하지 않았다. 하나님은 자신이 미리 정하신 모두를 또한 영화롭게 하신다. 하나님이 당신을 그 기차에 태우신 이상 그 차장은 당신이 영광에 이를 것을 보증하신다.

이와 같은 진술은 무척이나 간단해 보인다.

그러나 이상하게도 예수님을 영접하는 기도를 올려드린 전도지 회심자들에게 내가 하는 진술을, 사도들이 새로운 회심자들에게 하는 장면은 찾아볼 수가 없다. 실제로 이들은 심지어 최종적인 구원이 우리의 지속적인 순종에 달린 것처럼 이야기한다. 예로 바울과 바나바는 안디옥의 새로운 회심자들에게 다음과 같이 이야기하지 않았다. "이제 당신이 그리스도를 믿었으니 당신은 무엇에도 막론하고 천국에 갈 것입니다." 대신 그들은 항상 하나님의 은혜 가운데 있으라고 권했다(행 13:43). 다음 장에서 바울과 바나바는 동일한 회심자들에게 많은 환란을 인내함으로써만 하나님 나라에 들어갈 것이니 이 믿음에 머물러 있으라 경고했다(행 14:22).

바울은 데살로니가에 있는 회심자들의 새로운 믿음이 퇴색하여 그의 처음 수고를 헛되게 할까 봐 염려했다.

이러므로 나도 참다 못하여 너희 믿음을 알기 위하여 그를 보내었노니 이는 혹 시험하는 자가 너희를 시험하여 우리 수고를 헛되게 할까 함이니(살전 3:5).

다른 말로 하면 바울은 자신의 첫 복음 전파로 그가 얻어낸 모든 땅을 그 시험하는 자가 다시 빼앗아갈 것을 두려워하며 살았다. 그는 회심자들에게 그들의 신앙고백으로부터 흔들리지 말라고 촉구했는데, 이는 그럴 경우 이들의 첫 믿음의 반응이 아무

효력도 없을 것이기 때문이었다.

그는 빌립보의 회심자들에게도 비슷한 이야기를 했다.

생명의 말씀을 밝혀 나의 달음질이 헛되지 아니하고 수고도 헛되지 아니함으로 그리스도의 날에 내가 자랑할 것이 있게 하려 함이라(빌 2:16).

로마 교회 성도들에게는 다음과 같이 말했다.

그러므로 하나님의 인자하심과 준엄하심을 보라. 넘어지는 자들에게는 준엄하심이 있으니 너희가 만일 하나님의 인자하심에 머물러 있으면 그 인자가 너희에게 있으리라. 그렇지 않으면 너도 찍히는바 되리라(롬 11:22).

유다는 그의 편지를 받는 갓 세워진 교회에 이렇게 경고했다.

사랑하는 자들아, 너희는 너희의 지극히 거룩한 믿음 위에 자신을 세우며 성령으로 기도하며 하나님의 사랑 안에서 자신을 지키

구원의 확신

며 영생에 이르도록 우리 주 예수 그리스도의 긍휼을 기다리라(유 20-21).

히브리서 저자는 아마도 가장 강력한 경고를 제공했을 것이다.

너희는 하나님의 은혜에 이르지 못하는 자가 없도록 하고 또 쓴 뿌리가 나서 괴롭게 하여 많은 사람이 이로 말미암아 더럽게 되지 않게 하며(히 12:15).

그러므로 우리는 들은 것에 더욱 유념함으로 우리가 흘러 떠내려 가지 않도록 함이 마땅하니라(히 2:1).

이 마지막 구절은 구원을 끔찍한 태풍이 몰아칠 때 피난처를 찾아 안전한 항구로 들어서는 것으로 묘사한다. 저자는 회심자들에게 믿음 없음과 심판이라는 태풍으로 다시 떠내려가지 않도록 닻을 내리라고 촉구한다.

다른 곳에서는 다음과 같이 경고했다.

형제들아, 너희는 삼가 혹 너희 중에 누가 믿지 아니하는 악한 마음을 품고 살아 계신 하나님에게서 떨어질까 조심할 것이요, 오직 오늘이라 일컫는 동안에 매일 피차 권면하여 너희 중에 누구든지 죄의 유혹으로 완고하게 되지 않도록 하라. 우리가 시작할 때에 확신한 것을 끝까지 견고히 잡고 있으면 그리스도와 함께 참여한 자가 되리라(히 3:12-14).

예수님은 다음과 같이 경고하셨다.

사람이 내 안에 거하지 아니하면 가지처럼 밖에 버려져 마르나니 사람들이 그것을 모아다가 불에 던져 사르느니라(요 15:6).

누구든지 사람 앞에서 나를 부인하면 나도 하늘에 계신 내 아버지 앞에서 그를 부인하리라(마 10:33).

그리고 그분은 약속하셨다.

끝까지 견디는 자는 구원을 얻으리라(마 10:22).

구원의 확신

이기는 그에게는 내가 하나님의 낙원에 있는 생명나무의 열매를
주어 먹게 하리라(계 2:7).

이기는 자는 둘째 사망의 해를 받지 아니하리라(계 2:11).

분명히 끝까지 견디는 자들만이 구원을 얻는다. 그렇다면
이 본문들은 '한번 받은 구원은 영원한 구원'임을 분명히 가르치
는 다른 본문들을 부인하는가?

성경은 하나님의 말씀이기 때문에 그 자신을 부인할 수 없
다.[1] 사실 이와 같은 경고를 던지는 바로 그 저자들 중 다수가 또
한 영원한 보증의 빛나는 약속을 건네는 이들이다.[2] 분명 성경의
저자들은 몇 구절을 사이에 두고 자신을 부인할 정도의 정신분
열증 환자가 아니다.

이 본문들은 당신이 구원을 잃을 수 있다고 가르치지 않는
다. 하지만 이들은 구원하는 믿음의 본질에 대하여 중요한 것을
가르치는데, 바로 구원하는 믿음이 언제나 끝까지 견딘다는 것
이다.

우리가 타락한다면 결국 구원받지 못할 것이라는 이 경고
들은 액면 그대로 받아들여야 한다. 하지만 참으로 구원받은 자

들은 구원을 잃을 수 없기 때문에, 우리의 결론은 이런 경고를 듣지 못하는 것은 애초에 참으로 구원하는 믿음을 소유하지 못했다는 사실을 드러낸다는 것이다. 그것이 아니면 이 모든 구절이 어떻게 사실이겠는가?[3]

뿐만 아니라 나는 하나님이 이 경고를 신자들에게 주시어 믿음 안에서 이들을 확고히 하신다고 믿는다. 이 경고들은 우리가 하나님의 은혜를 당연하게 생각하지 않도록 도와준다. 이것은 유혹과 어두움의 순간에 우리의 정신을 번쩍 들게 한다. 참된 신자는 결코 구원을 잃어버릴 수 없지만 또한 결코 예수님을 따르기를 멈추지 않을 것이다. 이와 같은 경고들은 나를 자극해서 내가 끝까지 따르도록 한다.

우리가 타락한다면 결국 구원받지 못할 것이라는
이 경고들은 액면 그대로 받아들여야 한다.

가장 어려운 성경 본문

이것을 증명하기 위해 신약을 통틀어 가장 어렵기로 악명 높은 본문 하나를 살펴보자.

> 한 번 빛을 받고 하늘의 은사를 맛보고 성령에 참여한바 되고 하나님의 선한 말씀과 내세의 능력을 맛보고도 타락한 자들은 다시 새롭게 하여 회개하게 할 수 없나니 이는 그들이 하나님의 아들을 다시 십자가에 못 박아 드러내놓고 욕되게 함이라(히 6:4-6).

이 본문은 여러 수준에서 어렵다. 타락하는 것이 가능할 뿐 아니라 그럴 경우 결코 다시 돌아올 수 없는 것처럼 이야기한다. 우리는 이것을 어떻게 이해해야 할까?

개인적 진단이 아닌 일반적 경고

가장 먼저 저자가 어떤 특정 개인의 영적 상태를 진단하는 것이 아니라 참된 신자와 피상적인 신자 모두로 구성된 회중에게 일반적인 경고를 전하고 있다는 사실을 아는 것이 유익하리라 생각한다. 또한 그는 구원의 역학을 명시하려고도 하지 않는다.[4]

"빛을 받고", "내세를 맛보고", "성령에 참여한 바 되고"는 어느 특정 개인의 자격이라기보다 운동의 전체적인 묘사에 가깝다. 그 운동의 일부였던 모든 사람이 이러한 것들에 적어도 어느 정도는 참여를 했다.

전체 회중에는 참된 회심을 경험하지 않고도 운동에 휘말리는 사람들이 있다. 이들은 흥분하고 노래를 배우고 죄인의 기도를 올려드리고 세례를 받고 심지어는 선교에도 참여할 수 있지만, 예수 그리스도를 개인적으로 깊이 받아들이는 것으로는 전혀 이어지지 않는다. 이들의 열정은 시간을 두고 바래간다.

다시 새롭게 하여 회개하게 할 수 없다는 말은 무슨 의미일까? 예수님과 끝까지 함께하지 못하는 일부 독자들의 실패에 당혹한 저자는 다음과 같이 이야기한다. "당신이 예수님의 영광을 보고 그분의 부활의 진리를 확신하면서도 의도적으로 당신의 죄로 돌아간다면 내게 무슨 할 말이 더 있겠는가? 무슨 더한 논쟁이 있겠는가? 무엇이 예수님의 죽으심과 부활보다 더 설득력이 있겠는가?" 다른 말로 하면 당신을 회개로 이끌 어떠한 말이 남아 있겠느냐는 것이다.

이어지는 절에서 그는 복음을 듣는 것은 씨앗이 뿌려진 땅에 내리는 비와 같다고 설명한다(6:7-8). 제대로 씨가 뿌려지고 물이 내리는데도 가시와 엉겅퀴만 자란다면 그 땅이 쓸모없다는 것 외에 어떠한 결론을 내릴 수 있겠는가? 마찬가지로 복음을 듣는 것이 당신의 마음에 반항의 가시만 낸다면 무엇을 더 할 수 있겠는가? 복음의 전파는 하나님이 정하신 부활의 생명을 얻기 위한 방식이다. 당신이 그것의 영향을 받지 않는다면 하나님이 사용하실 다른 도구는 없다.

운동에는 추종자가 있다. 참된 신자가 되는 이들도 있고 단순히 보이는 것과 흥분에 휩쓸리는 이들도 있다. 시간만이 그 차이를 드러낼 것이다. 이것이 두 번째 내용으로 인도한다.

구원하는 믿음은 끝까지 견디는 믿음이다

이 본문은 구원하는 유일한 믿음이 끝까지 견디는 믿음임을 보여준다. 많은 사람이 구원의 초기 움직임을 경험하지만 시간이 얼마 지나면 자신의 이전 방식으로 돌아간다. 이런 사람은 모든 초기 흥분에도 불구하고 애당초 실제로는 구원받지 않았다.

예수님은 다양한 종류의 땅에 씨앗을 뿌린 농부에 대한 이야기를 하신 적이 있다. 그분의 말씀에 의하면 어떤 땅은 부드러운 흙으로 덮여 있었고 어린 모종들이 곧 싹을 틔웠다. 하지만 태양이 떠오르자 이 모종들은 말라버렸다. 태양의 열기에 견딜

6장 '한번 받은 구원이 영원한 구원'이라면
성경은 왜 우리의 구원을 잃어버리는 것에 대해 그렇게 자주 경고할까?

— 177

만큼 뿌리를 깊이 내리지 못했기 때문이다.

예수님의 비유에서 오래가지 못한 식물들이 상징하는 것은 구원받은 사람들일까, 구원받지 못한 사람들일까? 이들은 얼마간 구원받은 사람들처럼 보인 구원받지 못한 사람들을 상징한다. 예수님에 따르면 이 사람들은 잠깐 믿다가 시련을 당할 때에 배반하는 자들이다(눅 8:13). 이들의 시작은 열심과 열렬한 헌신으로 유망했으나 결국에는 시들었고 버림받았다.

이것은 구원하는 믿음과 피상적인 믿음의 차이가 초기 감정의 강도와는 거의 관련이 없고 전적으로 시간을 둔 지속성과 관련이 있다는 사실을 보여준다. 시들어버리는 믿음은 그것의 첫 열매가 얼마나 달콤하든 간에 구원하는 믿음이 아니다.[5]

예수님을 당신의 마음에 영접하는 기도를 올려드리는 것, 심지어 그것이 감정의 소란과 종교적 열정을 동반한다 해도 그것은 당신이 구원을 받았다는 증거가 아니다. 끝까지 그 믿음 안에서 견디는 것이 증거다.

히브리서 6장의 저자는 이와 같이 견디는 믿음을 추구하도록 우리를 독려한다. 그는 말한다. "우리가 간절히 원하는 것은 너희 각 사람이 동일한 부지런함을 나타내어 끝까지 소망의 풍성함에 이르러"(11절). 우리는 우리가 구원받았음을 나타내기 위

구원의 확신

시들어버리는 믿음은 그것의 첫 열매가 얼마나 달콤하든

구원하는 믿음이 아니다.

하여 애써 인내한다. 확신은 당신이 처음과 동일한 믿음의 열심을 지속적으로 보여줄 때 찾아온다.

타락한 자들은 다시 새롭게 하여 회개하게 할 수 없다?

타락한 자들은 다시 새롭게 하여 회개하게 할 수 없다는 표현이, 구원받은 이후 죄악된 습관으로 되돌아간 자들이 구원의 기회를 박탈당했다는 의미일 수는 없다.

심지어 성경 속 위대한 영웅들 중에도 이전의 죄악된 습관으로 되돌아간 사람들이 있었는데 이는 때로 정말로 나쁜 것들이기도 했고 오랜 기간이기도 했다. '타락'으로 불리는 이것은 당신이 이전의 죄악된 습관으로 '되돌아간다'는 의미의 교회 용어다.

바울의 여행 동반자 중 하나였던 마가 요한이라는 사람은 상황이 어려워지자 선교지를 버렸음에도 결국에는 회복되었다.

생각해보라. 그는 사도 바울을 버렸다. 그는 손에 쟁기를 잡은 채 뒤를 돌아보았고, 따라서 하나님 나라에 합당하지 않은 자임을 증명했다.[6] 하지만 나중에 그는 회복되어 하나님 나라에 많은 유익을 끼쳤다(행 13:5, 13; 딤후 4:11).

이번 장에서 저자가 오래 참는 믿음(히 6:15)의 예로 사용하는 아브라함은 오직 자신의 목숨을 부지하기 위해 다른 남자에게 자신의 아내를 여동생으로 소개할 뿐 아니라 그녀와 동침해도 좋다고 이야기할 만큼 하나님에 대한 의심이 심각했다.[7] 이것은 단순한 도덕적인 실수 이상이었다. 개차반과 같은 행동이었다. 그 역시 구원받은 사람이었고 결국 되돌아와서 회개하고 회복되었으며 하나님 나라에 더욱 큰 유익을 끼쳤다.

고린도전서에서 바울은 심지어 자신의 어머니와 동침하고 있던 교회 구성원을 언급하면서 교회에 그를 치리할 것, 즉 모임으로부터 내쫓고 비신자로 대우할 것을 요구했다. 그러나 그 치리의 목적은 그의 영은 구원을 받게 하려 함이었다(고전 5:1-5). 이 사람의 죄는 단순한 실수나 도덕적으로 무분별한 행동이 아니었다. 어머니와의 동침은 교회의 기도 제목에 올릴 만한 사안이라기보다는 〈제리 스프링어 쇼〉(실제인지 가상인지 구별이 안 되는 사연을 가지고 나온 시청자들의 고해성사와 그와 관련한 사람들의 반응을

구원의 확신

다루는 TV 토크쇼―옮긴이 주)에 나올 법한 이슈다. 하지만 바울은 그가 되돌아올 수 있다고 믿었다.

예수님은 자신에게 오는 자는 어떠한 이유에서든지 결코 내쫓지 않겠다고 말씀하셨다.[8] 결코. 당신이 회개하고자 한다면 그분은 언제나 당신을 받아주실 것이다.

그렇다면 히브리서 저자가 타락한 자들은 다시 새롭게 하여 회개하게 할 수 없다고 했을 때, 그는 무엇을 의미한 것일까?

우리가 이미 보았듯, 당신이 당신의 마음을 십자가에 대해 강퍅하게 했다면 당신에게 더 할 말이 없다는 뜻이고, 하나님의 무기고에는 더 나은 무기가 없다는 뜻이다.

덧붙여 성경은 당신의 마음을 하나님의 영에 맞서 너무나도 강퍅하게 한 나머지 하나님이 당신을 홀로 내버려두시는 것을 이야기한다. 창세기에서 하나님은 다음과 같이 말씀하셨다. "나의 영이 영원히 사람과 함께하지 아니하리라"(6:3). 누가복음에서 예수님은 이것을 사함 받지 못하는 죄, 곧 성령을 모독하는 죄로 언급하신다.[9] 히브리서 저자가 다루는 이들 중 다수가 성령에 맞서 이런 죄를 범할 위험에 놓여 있었다.

한 가지 경고가 있다. 나는 자신이 이 모독의 죄를 범했으며, 따라서 구원받을 기회를 박탈당했다고 두려워하는 사람들을 많이 안다. 나 역시 한동안 그렇게 생각했다. 나는 내가 돌아섰을 때 이미 너무 많은 것을 보았고 나를 향한 하나님의 위대한 자비하심에도 불구하고 지독한 죄를 범했기 때문에 내가 분명 성령을 모독했다고 생각했다.

여기서 성령을 모독하는 것에 대한 모든 본문을 분석할 여지는 없지만(다른 곳에서 매우 철저히 이 내용을 다룬 이들이 있다)[10] 일반적인 조언대로 당신이 그 모독의 죄를 걱정하고 있다면 아마도 당신은 그러지 않았을 것이다. 예수님과 히브리서 저자가 언급하고 있는 최종적 타락은 예수님과 화목하고자 하는 일말의 갈망도 포함하지 않는다. 누구를 새롭게 하여 회개하게 할 수 없다는 말은 그가 회개하기를 원하지 않는다는 뜻이다. 회개하길 원하는 것은 하나님이 당신을 버리지 않으셨다는 증거다. 결국 우리 안에 그분에게 나아오고자 하는 갈망을 주시는 분은 하나님이시다.[11] 따라서 더 이상 뒤로 물러설 수 없는 단계에 도달했다는 당신의 두려움은 당신이 그렇지 않다는 훌륭한 증거다. 당신이 회개하기를 원한다면 그분은 언제나 당신을 받아주실 것이다. 그분은 자신에게 오는 자는 누구든지 어떠한 이유로도 내쫓지 않으실 것이다.[12] 누구든지 언제나 나아올 수 있다.

또한 우리는 하나님의 영이 더 이상 그와 함께하지 않으신

구원의 확신

다는 이유로 인해 지금까지 마음에 품고 기도하던 사람을 결코 포기해선 안 된다. 혹시라도 그런 일이 생긴다고 해도 우리는 그 것을 알 수 없다. 우리가 아는 것은 성경이 다른 모든 사람에게는 아주 절망적으로 보이던 이들을 하나님이 구원하신 이야기로 가 득하다는 사실이다. 이러한 경고의 목적은 우리를 도와 목이 곧 은 사람들을 진단하도록 하여 그들을 위한 기도를 멈추도록 하 는 것이 아니라, 상황의 위급함을 깨달아 더욱더 악착같은 기도 를 시작하도록 하는 것이다. 하나님의 영이 더 이상 누군가와 함 께하지 않는다고 결론지을 수 있는 유일한 때는 그들이 죽었을 때다. 그때까지 우리에게는 기도할 의무가 있고, 그들에게는 회 개할 기회가 있다.

이 책을 읽고 있는 독자들 중 아직 그리스도께로 나아오지 않은 사람이 있을 수 있다. 이 경고들은 당신으로 하여금 생각하

우리가 아는 것은 성경이 다른 모든 사람에게는

아주 절망적으로 보이던 이들을 하나님이 구원하신 이야기로

가득하다는 사실이다.

게 한다. '나에게 이런 일이 일어난 것이 틀림없어. 나는 빛을 받은 후에 타락한 거야. 나는 성령을 모독하는 죄를 범한 것이 틀림없어. 이제 내가 회개하는 것은 불가능해.' 아니면 오로지 가시와 엉겅퀴를 내는 비에 대한 저자의 비유를 보고 다음과 같이 생각할 수도 있다. '저게 나야! 나는 복음을 들었지만 회개하지 않았어. 내 마음에 필연적인 결함이 있는 걸까? 나는 구원받을 수 없는 사람인 걸까?'

내 아내는 한동안 자신이 회개할 수 없다고 생각했는데 왜냐하면 하나님이 구원을 위하여 자신을 예정하지 않으셨다고 생각했기 때문이었다. 자라면서 수없이 들어온 복음이 그녀의 마음속에서 뿌리내리지 못했고, 따라서 그녀는 자신의 마음이 근본적으로 잘못되었다고 결론 내렸다. 고등학교를 졸업했을 때 그녀는 하나님의 작정을 뒤집기 위해 자신이 할 수 있는 것은 없고, 따라서 죄의 삶을 좇는 것이 낫겠다고 결론지었다.

그러나 성경은 우리를 포함해 누구의 마음이라도 그것의 악함을 분석하라거나 혹은 택하시는 하나님의 섭리에 대해 추론하라고 절대 이야기하지 않는다. 다만 회개하라고 명할 뿐이다. 히브리서 저자는 이야기한다. "하나님의 음성을 듣는다면 오늘 회개하라." 이것은 바로 지금 선택이 당신의 몫이라는 뜻이다.

구원의 확신

마태복음 23:37에서 예수님은 말씀하셨다. "예루살렘아, 예루살렘아,…암탉이 그 새끼를 날개 아래에 모음 같이 내가 네 자녀를 모으려 한 일이 몇 번이더냐? 그러나 너희가 원하지 아니하였도다." 그분은 "그러나 나는 너를 택하지 않았다"고 말씀하지 않으셨고 "그러나 너희가 원하지 아니하였도다"라고 말씀하셨다.

당신은 하나님으로부터 다른 그 무엇도 기다릴 필요가 없다. 바로 지금 당신에게는 회개할 기회와 의무가 있다. 당신이 지금 그 명령에 순종한다면 하나님은 당신을 구원하실 것이다.[13]

복음의 메시지는 내 아내의 마음이 근본적으로 잘못되었다는 것, 즉 영적으로 죽어 있다는 것이다. 복음의 좋은 소식은 하나님이 죽은 마음을 살리신다는 것이다.[14] 하나님은 굳은 마음을 부드러운 마음으로 바꾸어주신다. 그분은 바리새인이자 예수님을 미워한 살인자, 초기 교회 제일의 원수였던 사울을 복음의 가장 위대한 대변인이자 지지자인 바울로 변화시켜주셨다. 그분은 당신을 위해서도 그 일을 하실 수 있다. 당신이 그분에게 요청하기만 하면 된다.

따라서 히브리서 저자가 회개를 격려하고자 의도한 것을 회개하지 못하도록 낙담시키고자 의도한 것으로 둔갑시키지 말라. 그는 당신이 선택받았는지 여부를 판가름하도록 당신을 돕고자 애쓰는 것이 아니다. 그는 당신이 들은 복음의 심각함을 인식시키고 당신이 오늘 그것에 순종하도록 권고하려 애쓰고 있다.

이보다 더 좋은 것, 곧 구원에 속한 것이 있음을 확신하노라

타락의 위험에 대해 그가 전하는 경고에도 불구하고 히브리서 저자는 다음과 같이 이야기한다. "사랑하는 자들아, 우리가 이같이 말하나 너희에게는 이보다 더 좋은 것 곧 구원에 속한 것이 있음을 확신하노라"(6:9). 그는 이들의 삶 속에서 참된 구원의 증거로, 예를 들어 하나님의 이름을 향한 사랑과 하나님의 사람들을 향한 사랑을 너무나도 많이 보았고, 따라서 이들이 타락하지 않을 것을 확신했다. 구원하는 믿음은 시들지 않고 히브리서 저자는 이들 삶의 극적인 변화와 더불어 현재의 영적 열매들로 인하여 이들이 그런 믿음을 가졌다고 확신했다.

"너희 안에서 착한 일을 시작하신 이가 그리스도 예수의 날까지 이루실 줄을"(빌 1:6) 그는 확신했다. 그는 이들이 삶 속에서 역사하시는 하나님의 은혜의 분명한 증거들을 보고 그들의 소망을 그 전 과정을 시작하신 하나님께 두도록 격려했다. 하나님은 그들 안에서 시작하신 것을 분명 마치실 것이다.

구원의 확신

당신이 끝까지 견딜 것인지를 어떻게 알 수 있을까? 당신은 바로 지금 당신 안에서 은혜의 강력한 증거, 즉 구원에 속한 것을 보는가? 이것은 당신이 구원받았다는 추가적인 확신이다. 이에 대해서는 다음 장에서 더 살펴보도록 하자.

영원한 보증의 '진짜' 교리

'한번 받은 구원은 영원한 구원'이라고 말하는 것은 부정확하지 않다. 다만 불충분할 뿐이다. 영원한 보증의 온전한 교리는 우리가 한번 구원받았다면 언제나 구원받을 것이라는 점과, 구원받은 자들은 자신의 믿음 안에서 끝까지 인내할 것이라는 점이다. '한번 받은 구원은 영원한 구원'이라는 말은 사실이다. 하지만 '한번 받은 구원은 영원한 따름'이라는 말 역시 사실이다.

'한번 받은 구원은 영원한 구원'이라고 말하는 것은
부정확하지 않다. 다만 불충분할 뿐이다.

'한번 받은 구원은 영원한 구원'이라는 말은 사실이다.
하지만 '한번 받은 구원은 영원한 따름'이라는 말 역시 사실이다.

이번 장의 서두에서 지적했듯이 영원한 보증이라는 교리의 왜곡은 복음주의 교계에서 흔한 일이 되었다. 이러한 왜곡은 구원을 하나님의 서명이 든 계약, 즉 당신이 무엇을 하든지 그분이 결코 회피하실 수 없는 것으로 제시한다. 당신이 그 계약서에 서명하고 기도를 올려드린 이상 당신은 하나님을 가두어 도망하게 할 수 없다.

성경은 구원을 그런 식으로 제시하지 않는다. 구원은 그리스도를 향한 회개와 믿음의 자세이며, 당신은 회심할 때 그 자세를 취하고 평생 동안 그것을 유지한다. 나중에 그 자세를 영원히 버린다면 당신의 믿음은 구원받는 믿음이 아니었을 가능성이 높다.

대학을 갓 졸업한 후 나는 존 번연의 고전 『천로역정』을 읽고 번연이 제시한 영원한 보증이 내가 이제껏 들어왔던 설명과는 다르다는 사실을 깨달았다. 번연은 침례교인이자 영원한 보증을 믿었고, 그의 작품 『천로역정』의 주인공인 크리스천은 하늘

　　　　　　　　　　　　구원의 확신

나라를 향한 여정에서 많은 사람을 만났는데, 이들은 천국을 향한 여정을 시작했으나 상황이 어려워지자 그 길을 떠났다. 번연의 시각에서 볼 때 이 사람들은 이들의 초기 고백과 믿음의 첫 단계들에도 불구하고 전혀 구원받지 못했다. 번연의 메시지는 분명했다. 끝까지 인내하지 못하는 자들은 구원받지 못했으며 결국 천국에 도달하지 못할 것이다.

웨인 그루뎀은 다음과 같이 결론 내렸다. "성도의 견인[인내]은 참으로 거듭난 모든 사람이 하나님의 능력으로 지킴 받고, 이들의 삶이 다할 때까지 그리스도인으로서 인내할 것과 오직 끝까지 인내하는 자들만이 참으로 거듭났다는 것을 의미한다."[15]

조금 덜 학구적으로 표현하자면 다음과 같다. "결승선 앞에서 흐지부지되는 믿음은 처음부터 결함이 있었다."

'부르심과 택하심'을 굳게 하라

따라서 히브리서 6:4-6은 참된 신자들이 구원을 잃어버릴 수는

"결승선 앞에서 흐지부지되는 믿음은 처음부터 결함이 있었다."

없지만 우리가 구원하는 믿음을 가졌다는 증거 중 하나가 끝까지 견디는 것임을 보여준다.

그러나 이런 경고들이 주어진 것은 끝까지 인내하지 않는 사람들이 참으로 구원받지 못했다는 사실을 보이기 위함일 뿐 아니라, 참된 신자들을 자극해서 믿음 안에 머물도록 하기 위함이다. 이것은 우리가 죄에 빠져 거기 머문다면 구원받지 못할 것이라는 경고다. 따라서 이런 경고들은 우리를 강요해 다시 일어나 믿음 안에 머물게 하여 우리가 구원받았음을 증명하도록 한다.

다른 말로 하면 우리는 우리가 참으로 구원받았는지에 대해 "음, 나는 바로 지금 타락하고 있고 그것은 내가 구원받지 못했다는 뜻이야" 하며 관망하는 자세를 취해서는 안 된다. 대신 우리는 수고하고 힘써 우리 자신을 믿음 안에서 지키라고 명령받았다. 베드로는 우리에게 더욱 힘써 너희 부르심과 택하심을 굳게 하라고 이야기한다.[16] 우리는 두렵고 떨림으로 우리의 구원을 이루어야 한다.[17] 우리는 믿음 안에서 인내하여 우리가 거듭났음을 증명한다. 우리가 넘어질 때 이런 경고들은 우리를 강요해서 다시 일어서도록 한다.

경고에 귀 기울임은 우리가 절대 잃어버릴 수 없는 구원을 소유했음을 보여준다. 경고에 귀 기울이지 못함은 우리가 애초

구원의 확신

에 그것을 소유하지 못했음을 보여준다.

머리가 터져버릴 것 같은가? 그렇다면 당신은 이것을 이해하고 있다.

히브리서 6장의 저자는 우리에게 소망의 풍성함을 갖도록 끝까지 인내하라고 이야기한다. 끝까지 인내함으로써 우리는 그 소망의 풍성함을 유지한다. 믿음 안에서의 인내는 우리에게 우리의 구원을 지속적으로 확신시켜준다.

4장에서 보았듯이 회심은 한순간에 시작하지만 동시에 평생 동안 유지하는 회개와 믿음의 자세다. 우리가 과거에 구원받았다는 최선의 증거는 현재 우리의 자세다.

따라서 거룩한 삶 안에서 인내하는 것은 구원의 근거가 아니라 확신의 근원이다. 개혁주의 전통은 이를 다음과 같이 표현했다. 하나님의 명령을 따름으로써 우리는 인내를 유지하고 확신한다.[18]

회개와 믿음과 마찬가지로 인내와 구원의 확신은 동전의 양면과 같다. 하나를 떠나서는 다른 하나를 절대 소유할 수 없다. 따라서 자신이 구원받았음을 확실히 알고 싶다면 하나님을 향한 회개와 그리스도를 믿는 믿음의 자세를 유지하라. 믿음 안에서의 인내는 우리가 우리의 부르심과 택하심을 굳게 하는 방법이다.

자신이 타락했는지, 아니면 참으로 구원받지 못했는지 어떻게 알 수 있는가?

모든 그리스도인은 타락한다. 엄밀히 말해 당신이 죄를 지을 때마다 당신은 타락한다. 나는 매일 수십 번씩 죄를 짓는다. 그렇다고 내가 구원받지 못한 것은 아니다.

당신이 처음 했던 믿음의 고백이 진짜가 아니었다고 결론을 내리기까지 당신은 얼마 동안 타락할 수 있을까? 6개월? 5년? 20년?

성경이 시간의 제한을 전혀 명시하지 않기 때문에 이것에 대한 분명한 해답은 없다. 이전에 언급했듯이 다윗과 베드로를 비롯하여 성경의 일부 영웅들은 하나님이 이들을 되돌리시기까지 오랫동안 죄에 머물렀다. 반면 사도 요한이 다음과 같이 언급한 사람들도 있었다. "그들이 우리에게서 나갔으나 우리에게 속하지 아니하였나니"(요일 2:19). 이들이 믿음을 지속하지 않은 이유는 애초에 구원받지 않았기 때문이다. 이들은 예수님이 '싹이 났으나 곧 말라버린 씨앗'이라고 표현하셨던 자들이다.

따라서 자신을 신자로 고백하는 사람이 죄에 머물렀다가 다시 돌아온다면 그가 다만 타락했던 참된 신자였는지, 아니면 참으로 회심하지 못한 피상적인 신자였는지 어떻게 구분할 수 있을까?

어려운 질문이다.

어떤 사람에게는 회심 당시 삶의 변화가 너무나도 상당하고 죄로의 탈선이 너무나도 짧기 때문에 이들의 회심은 과거에 일어났고 타락은 단순한 잠깐의 실수였음이 분명한 듯 보인다.

이와 반대인 사람도 있다. 초기 믿음의 고백 이후 삶의 변화가 거의 없었고 나중에서야 복음이 참으로 살아나는 듯했기 때문에 나중의 경험을 이들의 참된 회심으로 생각하는 것은 당연하다. 이것은 우리 교회에서 늘상 일어나는 일이다. 누군가 이렇게 말한다. "저는 어릴 때 예수님을 제 마음에 영접했고 심지어 세례도 받았어요.…그런데 복음을 처음으로 이해하는 기분이에요." 이들의 믿음은 처음으로 실재가 된다. 이때가 이들의 참된 회심의 순간임은 분명하다.

하지만 어느 쪽인지 대답이 분명하지 않은 사람들도 많다. 복음으로 다시 깨어나는 것이 단순히 타락의 시간으로부터의 회복인지, 아니면 참된 회심인지를 확신할 수 없다. 그렇다면 어떻게 해야 할까?

결국 회심의 순간을 아는 것은 필수적이지 않다. 필수적인 것은 당신이 현재 회개와 믿음의 자세를 취하고 있음을 아는 것이다. 처음 그 자세를 취한 시기와 상관없이 당신이 지금 그 자세를 취하고 있다는 사실이 당신에게 구원받았음을 확신시켜준다. 회심이 처음 일어난 순간을 아는 것이 유익할 수는 있겠지만 당신이 지금 그분을 신뢰하고 있다는 사실을 아는 것은 필수적이다.

신자로서 당신은 남은 생애 동안 내재하는 죄와 싸울 것이다. 위대한 성인들도 그와 같은 씁쓸하고 성공적이지 못한 죄와의 싸움을 경험했고 이것은 이들을 거의 절망으로 이끌었다. 아마도 당신은 다음의 찬송 작사가처럼 소리치고 싶을 것이다.

우리 맘은 연약하여
범죄하기 쉬우니
하나님이 받으시고
천국 인을 치소서[19]

이런 종류의 진심 어린 기도는 구원하는 믿음을 보증하는 참으로 좋은 증거다. 이런 씨름은 구원을 의심하게 하지 않고 확신하게 해야 한다.

구원의 확신

토머스 슈라이너는 다음과 같이 이야기한다. "인내는 완벽함이 아니다. 새로운 방향이다."[20] 때로 당신은 넘어질 수도 있지만 천국을 바라보며 매번 다시 일어난다. "의인은 일곱 번 넘어질지라도 다시 일어나려니와" 당신의 삶의 궤도는 때때로 당신이 발을 헛디뎌서 넘어진다 하더라도 당신의 마음을 바꾸어달라는 하나님을 향한 외침이다. 치유는 점진적일 수 있으나 그럼에도 현재 진행형이다.

무엇이 더 중요한가, 확신인가 경고인가?

성경을 가르치는 사람으로서 내가 아는 바는 타락에 대한 경고들을 강조할 때 참으로 구원받은 일부 사람들도 믿음 안에서 동요할 것이라는 사실이다. 또한 내가 그 경고들을 강조하지 않는다면 구원받지 못한 일부 사람들이 자신은 기도를 올려드렸기 때문에 괜찮다고 생각하면서 구원받지 못한 채 죽을 것이라는 사실도 안다. 이 경고들을 강조하든 강조하지 않든 어느 경우에도 부수적인 피해가 따른다.

성경은 이 두 가지 모두를 말씀하고, 따라서 우리도 그렇게 해야만 한다. 성령은 우리에게 다음과 같이 이야기하신다. "너희는 [정말로] 믿음 안에 있는가 너희 자신을 시험하고"(고후 13:5). 하지만 그분은 동시에 우리가 예수님께 속했고 그분의 손 안에서 안전하며 우리는 미쁨이 없을지라도 그분은 항상 미쁘실 것이라 확신시키신다.[21]

나는 이 문제의 양편에 처한 모두에게 연민을 느낀다. 한동안 나는 거짓된 확신을 가진 가짜였고 주일학교 선생님을 통해 내 피상적인 믿음의 고백이 심판의 날에 나를 구원하지 못할 것임을 보게 된 것을 기쁘게 생각한다. 하나님은 그분의 경고를 사용하시어 나를 잠에서 깨워주셨다.

하지만 나는 나의 구원 이후 확신을 찾을 수 없었던 싸움 역시 안다. 의심은 내 삶을 비참하게 만들었다.

하나님이 경고와 확신을 모두 주신 것은 이 둘 모두가 그리스도인의 성숙을 위해 필요하기 때문이다. 이 둘은 구원하는 믿음 안에서 우리를 확고히 한다.

성경을 잘 가르치기 원한다면 이 둘 모두를 강조하고 성경이 이것을 강조하는 비율대로 하라. 성령이 이 둘 모두를 그분이 의도하신 목적대로 사용하실 것을 신뢰하라.

때로 경고의 말은 참으로 구원받은 누군가를 흔들 것이다.

구원의 확신

확신의 말은 때로 비신자에게 거짓 소망을 안겨줄 것이다. 하지만 이 둘 모두에 적절한 무게와 관심을 부여하면서 충분히 오래 머무르며 듣는 사람들은 하나님이 이들에게 원하시는 믿음의 풍성함을 찾게 될 것을 신뢰하라.

소망의 풍성함

하나님이 타락의 위험에 대하여 경고하신 이유는 영원히 늦기 전에 거짓된 확신을 가진 자들을 잠에서 깨우시기 위함이다. 또한 신자들이 결승선까지 전진하도록 하시기 위함이다. 믿음 안에서의 인내는 우리가 구원받았음을 확신시켜준다.

그러나 우리 안에서 역사하시는 하나님의 은혜를 입증할 수 있는 또 다른 방법들이 있다. 요한1서는 성령이 우리의 마음

하나님이 경고와 확신을 모두 주신 것은 이 둘 모두가

그리스도인의 성숙을 위해 필요하기 때문이다.

속에서 역사하심을 보여주는 몇 가지 확증의 '시험들'을 제공한다. 이 은혜의 증거 때문에 히브리서 저자는 자신의 독자들에게 이보다 더 좋은 것, 곧 구원에 속한 것이 있음을 확신했다(히 6:9). 우리 안에서 역사하시는 하나님의 이러한 증거들을 보는 것은 우리로 하여금 우리 안에서 착한 일을 시작하신 이가 그리스도 예수의 날까지 이루실 줄을(빌 1:6) 확신하도록 도와준다. 이들은 우리를 도와 우리가 인내할 것을 알도록 하는데 그 이유는 우리가 우리 안에서 역사하시는 하나님의 증거를 보고 또한 그분이 시작하신 것을 그분이 마치실 줄을 알기 때문이다.

우리는 이제 이 '시험들'로 향할 것이다.

7장 ————————

당신이 믿었다는 증거

STOP

ASKING

JESUS

INTO

YOUR

HEART

대학 시절, 내 가장 친한 친구 중 하나는 캠퍼스 밖에 있는 집에서 살았다. 일반적으로 지금도 남자 대학생이라고 하면 보통 깨끗하다고 불리지는 않지만 이 친구는 집안의 더러움을 완전히 새로운 수준으로 끌어올렸다. 그와 그의 룸메이트들은 설거지를 거의 하지 않았다. 거의라는 말은 '전혀'라는 뜻이다. 썩어가는 음식과 방사능 생물 표본들로 뒤덮인 접시들이 싱크대에 쌓여갔다. 매일 아침마다 내 가장 친한 친구는 자신이 먹던 시리얼 그릇을 우유도 비우지 않은 채 식탁에 그대로 남겨두었다. 욕실에 대해서는 말하고 싶지도 않다…. 이렇게 설명해보자. 만일 우리가 여전히 구약 시대에 살고 있다면 이들의 욕실에 들어가는 것만으로도 자신은 물론 우리의 4대손까지 더러워졌을 것이다. 여기에 덧붙여 이들에겐 애완동물용 변기의 개념을 모르는 고양이도 한 마리 있었다. 이들의 집에 들어설 때 당신을 맞아주는 것은 눈으로도 보지 못했고 귀로도 듣지 못했고 사람의 마음에 들어와 본 적도 없는 악취의 혼합물이다.

한 학기에 두 번, 내 가장 친한 친구의 어머니가 이 집에 방문하셨다. 보통은 금요일에 도착하셨고 어머니가 가장 먼저 하시는 일은 집 청소로, 대개 소형 토치램프와 야자유비누가 동원되었다. 어머니가 방문하신 후 처음 며칠 동안 집안에서는 곰팡이나 역겨운 독성 물질 냄새가 아니라 레몬과 욕실용 세제 향기가 났다.

그 향기는 그녀의 존재의 틀림없는 지표였다. 어느 주일 그 집에 들어서면서 익숙한 더러운 냄새의 혼합물을 맡았는데, 내 친구가 이번 주에 자신의 어머니가 다녀가셨다고 이야기한다면 나는 다음과 같이 말했을 것이다. "거짓말, 너희 어머니가 여기 계셨다면 이곳의 냄새는 달랐을 거야."

그분의 임재의 증거

이것이 본질적으로 사도 요한이 신자의 삶 속에서 드러나는 예수님의 임재에 대하여 결론 내린 바다.

구원의 확신

하나님의 아들을 믿는 자는 자기 안에 증거가 있고…아들이 있는 자에게는 생명이 있고 하나님의 아들이 없는 자에게는 생명이 없느니라(요일 5:10, 12).

요한에게 '생명'은 단순히 우리가 죽은 후 영원히 사는 것이 아니라 지금 우리 안에 하나님의 생명을 소유하는 것이었음을 기억하라. 이전 다섯 장을 통해 요한은 이러한 증거들을 제시했다. 예를 들어보자.

우리가 그의 계명을 지키면 이로써 우리가 그를 아는 줄로 알 것이요. 그를 아노라 하고 그의 계명을 지키지 아니하는 자는 거짓말하는 자요, 진리가 그 속에 있지 아니하되, 누구든지 그의 말씀을 지키는 자는 하나님의 사랑이 참으로 그 속에서 온전하게 되었나니 이로써 우리가 그의 안에 있는 줄을 아노라. 그의 안에 산다고 하는 자는 그가 행하시는 대로 자기도 행할지니라(요일 2:3-6).

빛 가운데 있다 하면서 그 형제를 미워하는 자는 지금까지 어둠에 있는 자요(요일 2:9).

누구든지 세상을 사랑하면 아버지의 사랑이 그 안에 있지 아니하니(요일 2:15).

너희가 그가 의로우신 줄을 알면 의를 행하는 자마다 그에게서 난 줄을 알리라(요일 2:29).

그 안에 거하는 자마다 범죄하지 아니하나니 범죄하는 자마다 그를 보지도 못하였고 그를 알지도 못하였느니라(요일 3:6).

구원하는 믿음은 끝까지 인내하는 것으로만 아니라 그것이 마음속에서 만들어내는 거침없는 특정한 변화들로 자신을 증명한다. 이러한 새로운 감정의 존재가 우리를 도와 하나님의 은혜가 우리 안에서 일하기 시작했음을 확신하도록 한다. 히브리서 저자는 독자들의 삶 속에서 이러한 은혜의 증거들을 보았고 그 때문에 이들이 끝까지 인내할 것을 확신했다. 다른 말로 하면 이들 안에서 구원에 속한 것을 보았고, 따라서 이들에게 타락보다 더 좋은 것이 있음을 확신했다(히 6:9). 이런 변화들은 예수님의 영생이 당신 안에서 일하기 시작했음을 증명하고, 당신은 이들을 보면서 당신 안에서 착한 일을 시작하신 이가 그것을 이루실 줄을 확신할 수 있다(빌 1:6).

나는 요한의 '마음의 변화'의 목록을 근본적으로는 두 가지 부류로 압축할 수 있다고 생각한다.

하나님을 향한 사랑

이 새롭고 살아 있는 마음은 하나님을 향한 사랑으로 특징지어진다. 상대적으로 죄는 모종의 공허함, 심지어는 끔찍함을 띠기 시작한다.

목회자인 나는 이런 과정이 새신자의 삶에서 일어나는 것을 여러 번 보았다. 이전에는 지루하고 부담스럽게 느껴지던 하나님의 말씀이 이제는 매혹적이고 황홀하게 다가온다. 하나님의 선하심과 위엄이 이들의 마음속에서 폭발한다. 몇 번이고 계속해서 나는 사람들이 세상의 현혹으로부터 깨어나 보다 더 나은 복음의 영광을 보는 것을 목격했다.

다음은 최근에 우리 교회 교인으로부터 내가 받은 편지의 일부인데, 편지를 보낸 이는 이런 과정을 가족의 비극적인 사건과 더불어 지나고 있었다. 이들은 수년 동안 예수님의 사랑을 알았지만 그것이 이들의 마음을 움켜잡지는 못했었다.

아내는 자신을 책망했고 우리는 아이가 없이 병원을 떠나면서 매일 같이 울었습니다. 고통의 순간, 아내는 제게 기대어 이렇게 말했습니다. "우리의 고통 중에도 예수님은 우리를 사랑하셔." 그녀는 그리스도 안에서 내면의 평화를 찾았고 이것은 놀라운 일이었습니다. 나중에 저는 제 귀에 속삭이시는 그리스도의 음성을 들을 수 있었습니다. "예수는 너를 위하여 죽었고 네가 너의 아들이 없이 이 병원을 걸어 나간다 해도 그리스도는 충분하다." 복음이 제 안에서 깨어난 것은 바로 이 순간이었습니다.

이 부부가 머리로만 알아왔던 하나님의 영광에 대한 감각이 마음속에서도 깨어났다. 이것은 그들 안에서 처음으로 아버지를 향한 깊고 개인적인 사랑을 만들어냈다. 이것은 하나님이 일하기 시작하셨다는 증거다. 이제 당신은 아버지와 같으신 하나님을 사랑하기 시작한다. 당신의 영혼은 아빠라고 부르짖기 시작한다(롬 8:15).

거듭났을 때 당신은 죄를 피하기 시작하는데 이는 단순히 처벌이 두려워서가 아니라 그것이 당신을 하나님으로부터 멀리 떨어뜨려 놓기 때문이다. 당신은 하나님을 사랑하기 때문에 하나님을 구하기 시작한다. 의를 갈망하기 때문에 의를 행하기 시

구원의 확신

작한다. 당신의 영적 취향은 변했다.

동남아시아에 살았을 때 나는 두리안이라는 과일을 알게
되었다. 현지인들은 이것을 좋아했다. 두리안의 계절이 시작하
는 날은 국경일과도 같았다. 사람들은 시장에 나가 가족들을 위
해 다량의 두리안을 구입하여 퇴근했다. 문제는 이것에서 캡틴
크런치 시리얼과 겨드랑이 액취를 섞어놓은 듯한 냄새가 난다는
것이었다. 나는 두리안 가까이만 있어도 구역질이 났다. 그것을
입에 넣는 것은 상상할 수도 없었다.

그곳에서 1년을 지낸 후 나는 두리안의 냄새가 그렇게 나
쁘지만은 않다는 사실을 알게 되었다. 결국에는 그것을 먹을 수
있는 정도에까지 이르렀다. 그러다가 소량의 두리안을 즐기는
나 자신을 발견했다. 그 이후에는 많은 양도 소화할 수 있게 되
었다. 그러더니 그것을 갈망하기 시작했다. 지금 내가 말할 수 있
는 것은 두리안이 내가 아주 좋아하는 과일 중 하나이며 그곳에
서의 삶에서 내가 무척 그리워하는 것 중 하나라는 사실이다. 나
는 여전히 캡틴 크런치 시리얼이나 겨드랑이 액취의 광팬은 아
니지만 두리안만은 좋아한다.

이전에는 그것을 먹기 위해 나를 강요해야 했지만 지금은
그것을 자유롭게, 심지어는 열렬히 먹는다. 과일은 변하지 않았

다. 내 입맛이 변했다. 마찬가지로 하나님의 영은 이전에는 우리에게 어리석고 불쾌했던 복음이 달콤하고 향긋하게 느껴지도록 우리의 입맛을 변화시키신다.[1] 바울은 그리스도의 향기가 멸망하는 자들에게는 사망의 썩어가는 냄새와 같지만 구원받은 자들에게는 생명의 달콤한 향기와 같다고 이야기했다.[2] 같은 복음, 다른 영적 욕구다.

하나님이 당신에게 그분을 향한 욕구를 주신 이상 당신은 그분을 구하도록 강요받을 필요가 없다. 당신은 그분을 구하는 것을 멈출 수 없다. 당신의 순종은 의무가 아니라 즐거움이다.

그리스도인들이 죄에 대한 추구를 멈추는 것은 무쇠 같은 의지를 개발했기 때문이 아니다. 하나님이 사랑하시는 것을 사랑하는 새로운 본성을 받았기 때문에 죄를 멈추는 것이다.[3]

다시 한번 이것이 단번에 일어난다고는 생각하지 말라. 바울과 마찬가지로 우리의 육체와 거듭난 영은 남은 생애 동안 서로 반목하여 싸울 것이다. 그러나 하나님이 당신의 마음속에서 일하셨다는 증거는 하나님을 향해 자라가는 갈망의 존재와 우리의 육체가 죄를 열망하는 때라도 가장 깊은 속사람이 하나님의 법을 즐거워하는 마음이다.[4]

구원의 확신

하나님이 당신에게 그분을 향한 욕구를 주신 이상

당신은 그분을 구하도록 강요받을 필요가 없다.

다른 사람을 향한 사랑

사도 요한에 따르면 당신이 거듭났다는 또 다른 증거는 당신이
다른 사람들 특히 신자들을 사랑하기 시작했다는 것이다.

> 우리는 형제를 사랑함으로 사망에서 옮겨 생명으로 들어간 줄을
> 알거니와 사랑하지 아니하는 자는 사망에 머물러 있느니라. 그 형
> 제를 미워하는 자마다 살인하는 자니, 살인하는 자마다 영생이 그
> 속에 거하지 아니하는 것을 너희가 아는 바라. 그가 우리를 위하
> 여 목숨을 버리셨으니 우리가 이로써 사랑을 알고 우리도 형제들
> 을 위하여 목숨을 버리는 것이 마땅하니라(요일 3:14-16).

자신을 향한 그리스도의 사랑을 경험하고도 그것이 다른
사람들 특히 예수님을 향한 우리의 사랑과 그분의 은혜의 경험

을 공유하는 이들을 향해 넘쳐나지 않기란 불가능하다. 성경은 다른 사람들을 사랑하는 것이 당신이 정말로 복음을 이해했다는 증거라고까지 이야기한다.

마태복음 18:23-35에서 예수님은 다른 사람에게 만 달란트라는 거대한 액수의 돈을 빚진 어떤 사람에 대해 말씀하신다.[5] 변제 기한이 차는 날이 되어 그 사람은 대출 담당 직원에게 불려 들어갔다. 물론 돈을 갚을 수 없었다.

당시에는 빚을 갚지 못하면 채무자 감옥으로 보내져 빚을 청산하기까지 중노동을 해야 했다. 빚을 다 갚기 전에 감옥에서 죽는다면 그 자녀들이 나머지 책임을 져야 했다. 그 이후에는 그들의 자녀들이 책임을 진다. 이렇게 모든 가족이 다른 사람들의 노예가 되었다.

이 사람은 빚이 너무나도 많아 수 대에 걸쳐 가족들이 투옥당할 것이 확실했다. 청산의 날, 빚에 압도된 이 사람은 채권자 앞에서 자포자기하는 심정으로 긍휼을 구했다. 빚을 다 갚기 위해서는 시간이 더 필요했다. 물론 익히 아는 것처럼 대부업체 직원들은 자비심이 많은 사람들이 아니다. 웬만큼 모질지 않아서는 지금의 위치에 올라올 수 없다. 오늘날에도 우리는 이들을 '대출 토끼'나 '대출 강아지'라고 부르지 않고 '대출 상어'라고 부른다. 당신이 빚진 것을 갚지 않는다면 이들은 당신의 엄지손가락을 부러뜨리기 위해 브루노라는 사람을 당신의 집으로 보낼 것이다.

법정 안에서 이 애처로운 장면이 전개되는 것을 보고 있던 사람들은 모두 심판이 이 사람의 머리 위로 이제 막 쏟아질 것을 알았고 분명 불편했을 것이다. 그때 기상천외한 일이 일어났다. 그 대출 상어가 예수님이 *splagma*라고 부르신 것을 느꼈는데, 이것은 뱃속으로부터 올라오는 연민을 뜻하는 그리스어였다. 이유는 모르겠다. 자신의 아들을 떠올렸을 수도 있고 그 사람 안에서 자신의 모습을 보았을 수도 있다. 그의 눈에 눈물이 글썽였다. 아랫입술이 떨리기 시작했다. 그러더니 누구도 예상치 못한 발언을 했다. "그저 시간을 더 주는 것이 아니다. 네 빚을 전부 탕감해주겠다. 너는 더 이상 내게 빚진 것이 없다. 가라! 너는 자유다."

법정 안에 있던 누구도 이 말을 믿을 수 없었는데 특히 용서받은 사람이 그러했다. 마침내 이 말이 농담이 아니라는 사실이 믿어졌을 때, 그는 일어났고, 그가 기억하는 한 처음으로 자신의 어깨를 짓누르던 압박감이 사라진 것을 느꼈다. 그는 대출 담당 직원에게 아낌없는 감사를 전한 후 새 사람이 되어 법정을 뛰쳐나와 자신과 가족들이 놓임 받았다는 소식을 전하기 위해 집으로 달려갔다.

그런데 법정 맞은편으로 난 길을 건너면서 자신에게 만 원을 빚진 오랜 동료를 보았다. 한 달 전 식료품을 구입하기 위해 자신으로부터 그 돈을 빌려간 사람이었다. 그는 소리쳤다. "어이, 내게 빌려간 만 원이 있나?" 그 사람은 대답했다. "미안해. 이번 주는 힘든 주간이었어. 내게 현찰이 없구먼. 다음 주에 갚을게. 약속하지."

이 용서받은 사람은 갑자기 격렬하게 분노하면서 고함을 쳤다. "안 돼. 시간이 다 되었어. 지금 당장 내 만 원을 갚지 못한다면 나는 자네를 감옥에 던져 넣어버릴 거야."

이 시점에서 예수님의 관중들은 불신으로 눈을 치떴을 것이다. "말도 안 됩니다. 만 달란트나 용서받은 사람이 다른 사람에게 만 원의 책임을 물을 순 없습니다."

정확하게 이것이 예수님의 요점이었다. 하나님이 구원을 통해 자신에게 얼마의 은혜를 보여주셨는지를 조금이라도 이해하는 사람은 다른 사람들을 향해 무례하기가 거의 불가능하다. 당신이 얼마의 용서를 받았는지 이해할 때 당신은 용서할 것이다.

예수님은 이야기를 더할 수 없이 두려운 방식이 아니면 정

구원의 확신

신이 번쩍 들게 하는 방식으로 마무리하신다. 이 사람의 배은망덕함을 들은 대부업체 직원은 이 사람을 법정으로 다시 소환해 들인다. "[그가] 노하매 그 빚을 다 갚도록 그를 옥졸들에게 넘기니라"(마 18:34). 예수님의 이야기 속 그 사람은 영원히 구원받지 못했다.

예수님이 하신 이야기의 의미가 용서하지 못하는 그리스도인들은 구원을 잃어버린다는 것일까? 아니다. 우리에게 관대한 영이 없다면 우리가 결코 구원받지 못했거나, 아니면 더 이상 그것을 이해한다고 말하기 어려울 정도로 그 사실을 잊어왔다는 의미였다. 히브리서 저자가 설명했듯이 이들은 하나님의 은사를 맛보았으나 그것을 정말로 집어 삼키지는 못했다.

복음을 경험한 사람들은 복음과 같이 되어 그것을 증명한다. 우리가 다른 사람들에게 오로지 그들에게 합당한 것만을 주어왔다면, 마지막 날에 하나님 역시 우리에게 합당한 것을 주실 것이다. 우리가 많은 설교를 듣고 많은 성경 구절을 암송했다고 해도 우리는 복음의 은혜를 전혀 마주하지 못했다.

당신이 은혜를 경험했다는 증거는 당신이 은혜로워지는 것이다. 인내와 용서, 관대함, 다른 사람들을 즐거워하고 그들을 불쌍히 여기는 것은 복음이라는 뿌리의 불가피한 열매들이다.

따라서,

만일 당신이 소유에 대하여 이기적이라면 어떻게 당신이 복음의
관대함을 실제로 경험했다고 할 수 있는가?

버림 받은 이들의 곤경에 마음이 흔들리지 않는다면 어떻게 당신
이 복음의 화목을 경험했다고 할 수 있는가?

인생에 대한 유일한 야망이 부와 명예를 얻고 꿈을 모두 성취하는
것뿐이라면, 당신은 구원을 얻기 위해 예수님이 무슨 대가를 치르
셨는지 이해했다고 할 수 있는가?

복음이 당신 안에 뿌리를 내렸다면 누군가 버림 받은 이들
을 비웃을 때 당신은 그렇게 할 수 없다. 당신의 내면 어딘가에
서 예수님이 당신을 위하여 오셨을 때 당신이 버림 받은 자였음
을 알기 때문이다(히 13:12-13). 당신의 삶과 직업, 물질적인 소유
를 가지고 무엇을 할까 고민할 때 당신은 단순히 자기 증진을 위
하여 그것을 어떻게 사용할까 생각할 수 없다. 부유하고 유명하
셨던 예수님이 당신을 축복하시기 위하여 자신이 가진 것을 버

구원의 확신

리셨기 때문이다(고후 8:9). 이제 당신은 다른 사람들을 위하여 어떻게 같은 일을 할 수 있을지를 알고 싶어 한다.

이것이 첫 번째 서신을 통해 준 사도 요한의 요점이다. 예수 그리스도가 정말로 당신 안에 거하신다면 당신은 그분이 사랑하시는 자들을 사랑하고 그분이 찾으시는 것을 찾음으로써 그 사실을 증명할 것이다.

내 친구의 여섯 살짜리 딸아이가 그에게 와 예수님을 영접하는 것에 대해 물었다. 설명할 다른 방법을 몰랐던 그는 기도로 아이를 인도했고 아이는 자신의 마음에 예수님을 영접했다. 일주일 정도가 지나고 아이가 그에게 와서 물었다. "아빠, 예수님은 얼마나 큰 분이셨어요?" 그는 대답했다. "잘 모르겠는데. 어른이셨지만 당시 사람들은 지금보다 작았으니까. 아마도 175cm 정도?"

"아빠, 제 키는 얼마나 돼요?"

"105cm 정도."

"아빠, 헷갈려요. 예수님이 175cm이셨고, 제가 105cm이고, 또 예수님이 제 마음에 들어오셨다면 그분은 여기저기로 삐져나오셔야 되는 것 아니에요?"

내 친구의 딸아이가 한 말에는 심오한 진리가 들어 있다. 영

생의 예수님이 당신 안에 거하기 위해 오셨다면 그 영생의 증거
는 당신을 둘러쌀 것이다.

하지만 저는 여전히 죄를 사랑해요!

이 시점에서 당신은 절망의 유혹을 다시 한번 느낄 텐데, 왜냐하
면 당신에게 아주 조금의 자기 인식이라도 있다면 당신의 마음
속에 여전히 존재하는 이기심과 우상숭배, 냉담함, 믿음 없음의
강력한 소용돌이를 인식할 것이기 때문이다. 이것은 당신이 참
으로 구원받지 못했다는 의미일까?

꼭 그렇게 결론 내릴 필요는 없다. 우리가 살펴보았듯이 모
든 사도는 자신이 죄와 벌인 끝이 없고 강렬한 싸움을 증거한다.[6]
야고보는 심지어 우리가 신자로서 죄를 짓는다고 했는데 그것은
자기 욕심에 끌려 미혹되기 때문이다(약 1:14). 추측하건대 그는
경험에서 우러나온 것을 말했을 것이다. 나는 내 마음이 내가 인
정하고자 하는 것보다 훨씬 더 자주 용서하지 못함과 분개, 질투,
이기심으로 치우치는 것을 본다.

분명히 기억하라. 신자들은 온갖 종류의 죄악된 정욕과 씨
름할 수 있고 또 실제로 그렇게 한다. 마르틴 루터는 우리가 복
음 안에서 의인인 동시에 죄인(simul iustus et peccator)이라고 이야

기했다. 구원받은 이후라도 우리의 죄악된 육체는 불의를 갈망한다.

사실, 싸움의 존재 자체가 하나님의 영이 당신 안에서 역사하신다는 확증이 될 수 있다. 하나님의 영이 당신 안으로 오시기 전, 당신은 죄에 맞서 싸우지 않았다. 그것을 향해 열심히 달려갔다. 비신자도 죄와 싸울 수 있지만 보통은 오로지 그것의 원치 않는 결과나 그것이 수반하는 죄책과 수치의 감정에 대해서다. 신자의 싸움은 훨씬 깊다. 이들의 싸움은 죄 자체의 불의함과 하나님을 향한 범죄의 심각성에 대해서다. 하나님의 영이 당신 안에 거하실 때 당신은 매일 이 싸움의 긴장을 느낀다. 이 싸움은 당신이 구원받지 못했다는 지표가 아니다. 사실, 구원받았다는 증거다.

그리스도 안에서 자라갈수록 나는 내 죄악됨을 더 (덜이 아니다) 느꼈다. 하나님의 빛이 내 마음을 비출수록 나는 정말로 나 자신이 얼마나 엉망인지를 더 볼 수 있었다. 스스로 느끼기에 나는 그리스도를 알기 위해 처음 나아왔을 당시보다 지금 더 죄악되어 보인다. 처음 하나님의 은혜의 빛은 내 마음에 작고 깜빡거리는 불꽃처럼 임하셨고 그것은 나로 하여금 내 마음속 큰 문제들을 보게 했다. 지금 그 불꽃은 손전등이 되었고 나는 더 작은 것들을 볼 수 있다. 그 빛이 밝아질수록 나는 내 모든 말과 행동 위로 켜켜이 쌓인 죄의 먼지들까지도 본다. 실제로 우리가 하나님과 같이 우리의 마음을 볼 수 있다면, 우리는 우리가 하는 어떤 것도 죄에 오염되지 않은 것이 없음을 보게 될 것이다. 우리의 가장 의로운 행위조차 더러움으로 부패했다.

은혜 안에서 내가 성장하고 있다는 가장 강력한 증거는 때로 내가 은혜가 필요하다는 사실을 더욱 인식해간다는 것이다.[7]

거듭남을 확인하기 위해서는 온 마을이 동원된다

당신의 삶에서 참된 거듭남의 증거들을 당신 스스로 확인하기란 설사 불가능하지 않다 하더라도 무척 어려운 일이다. 낙담과 자기 정죄의 경향이 강한 사람들도 있고, 자기 자신에 대해 지나치게 낙관적인 사람들도 있다. 하나님은 우리가 우리 자신을 정확하게 볼 수 있도록 우리에게 지역 교회를 주셨다. 마이크 매킨리는 구원에 대한 그의 훌륭한 책 『나는 참 기독교인인가』(부흥과개혁사 역간)에서 다음과 같이 이야기했다.

구원의 확신

이 중요한 시험 과정이 오직 신실한 지역 교회의 배경에서만 적절하게 행해질 수 있다는 점은 아무리 강조해도 지나침이 없다. 여러분은 여러분의 영적 행복에 헌신하는 다른 기독교인들을 필요로 한다. 그들은 여러분의 실상을 알려주고, 여러분의 삶 속에서 새 탄생의 열매를 확인해줄 수 있는 사람들이다.…우리는 우리 자신의 마음에 대해 정확히 판단하는 사람이 못 된다. 어떤 사람들은 정말이지 자기 자신에 대해 너무 쉽게 판단한다. 그들은 실제로는 아무것도 없는데도 자신의 죄에 대해 참된 탄식과 회개의 증거가 있다고 상상한다. 또 그들은 온갖 약점과 실패를, 자기들이 위선자이고 거짓 기독교인이라는 증거로 판단한다. 지역 교회에 참여하는 것은 이 두 종류의 사람들 모두에게 엄청난 도움을 준다.[8]

지금까지 우리는 확신을 위한 세 가지 주된 기초, 즉 '믿음과 회개의 현재 자세', '믿음 안에서의 인내' 그리고 '하나님을 향한 사랑과 다른 사람들 특히 다른 신자들을 향한 사랑으로 나타나는 우리 마음속 영생의 증거들'을 각각 살펴보았다. 이 세 가지는 한데 모여 우리에게 우리가 하나님께 속해 있다는 강력한 확신을 준다.

하지만 여전히 육신의 정욕을 향한 이끌림이나 하나님을

향한 열정의 연약함, 혹은 자녀를 향한 이기심의 정도 때문에 자신이 정말로 구원받았는지 의심하게 되는 순간들이 있다. 이와 같은 절망의 순간 당신은 어디로 향하는가? 그것이 이 책의 마지막 장 주제가 될 것이다.

8장

지속적인 의심이 들 때

STOP

ASKING

JESUS

INTO

YOUR

HEART

심지어 지금까지도 내 마음을 보며 어떻게 내가 거듭났을 수 있을까 의문이 들 때가 있다. 세상에 복음을 전파하는 것보다 오늘 밤 TV에서 무엇을 할지가 더 신경 쓰이는 순간들. 하나님이 낯선 사람처럼 멀게만 느껴지는 순간들. 그분을 향한 나의 감정은 완전히 차갑지 않다면 적어도 미지근하다. 그분의 말씀을 갈구하며 침대에서 일어나지 않고, 기도할 때 내 마음은 온갖 곳을 방황한다. 혹은 수천 번도 넘게 오래된 똑같은 유혹으로 다시 빠져든다. 혹은 하나님의 선하심 심지어는 그분의 존재를 의심하는 순간들도 있다.

언제나는 물론 대부분의 경우도 아니지만 때때로 나는 그렇게 느낀다.

그러고 나면 그 질문이 또다시 나를 찾아온다. "잠깐만… 나는 정말로 구원받은 걸까? 구원받고도 어떻게 여전히 이런 감정을 느낄 수 있는 거지?"

이러한 순간에 당신은 무엇을 하는가? 다시 한번 죄인의 기도를 올려드리는가? 이전에 출석하던 교회로 전화를 걸어 목사님께 침례탕의 물을 데워달라고 부탁드려야 할까?

이와 같은 순간에 대답은 상대적으로 단순하다. 계속해서 복음을 믿으라. 계속해서 당신의 손을 주 예수 그리스도의 머리 위에 두라. 매 순간 당신의 기분이 어떠하든, 영적 진보에 대한 당신의 기분이 낙관이든 낙심이든, 예수님을 향한 사랑이 뜨겁든 차갑든 간에 당신이 해야 할 일은 언제나 동일하다. 복음 안에 거하라. 그분이 완수하신 사역을 의지하라. 당신이 할 수 있는 일은 그것뿐이다. 당신이 해야 할 일은 그것뿐이다. 하나님이 당신에게 명하신 일은 그것뿐이다.

최선의 날에도 당신은 모든 소망을 하나님의 은혜에 두어야 한다. 최악의 날에도 그분이 완수하신 사역이 당신의 피난처가 되어야 한다. 당신의 자세는 언제나 그분이 완수하신 사역을 의지하고 내주하시는 그분의 영을 소망해야 한다. 여기에는 더 이상의 말이 필요 없다.

최선의 날에도 당신은 모든 소망을 하나님의 은혜에 두어야 한다.

최악의 날에도 그분이 완수하신 사역이 당신의

피난처와 소망이 되어야 한다.

진단은 처방과 같지 않다

의학적 진단은 우리에게 무엇이 잘못되었는지를 말해준다. 처방은 그것에 대하여 무엇을 해야 할지를 말해준다. 진단이 내려진 모든 영적 병폐를 위한 하나님의 처방은 복음을 믿는 것이다. 복음을 믿는 것은 신자에게 의를 전가해주며 영혼에 영적 생명을 불어넣는다.[1] 율법은 우리의 문제를 진단하고, 복음을 믿는 것은 해결책을 제공한다.

성경은 몇 번이고 계속해서 의심과 영적 냉담함, 심각한 유혹의 영향을 받지 않는 이가 없음을 우리에게 상기시킨다. 엘리야는 갈멜산에서 놀라운 성공을 경험한 직후 자기 연민과 우울증에 빠졌다. 하나님과 대면하여 이야기한 후 모세는 화를 참지 못하고 공개적으로 하나님을 모독했다. 이스라엘이 목도한 적

없는 가장 위대한 왕국을 세운 후 다윗은 간음과 살인죄를 저질렀다. 3천 명을 구원하는 설교를 한 후 베드로는 위선과 비겁함으로 다시금 넘어졌다. 하나님께서 그들이 이와 같은 방식으로 씨름하도록 하시는 것은 그들의 믿음이 그들 자신의 의가 아니라 하나님의 은혜 안에 머물도록 하시기 위함일 것이다.

C. S. 루이스는 모든 죄 중에서 교만이 가장 악하다고 이야기했다. 이것은 성경에서 하나님이 "물리치신다"고 표현한 유일한 죄이며, 다른 모든 죄를 부추긴다. 따라서 하나님은 우리를 이 가장 큰 죄로부터 지키시기 위해 보다 작은 죄들과 씨름하도록 하신다.[2]

이러한 관점에서 당신이 현재 치르고 있는 죄와의 싸움을, 겸손히 복음 안에 거하고 그리스도의 십자가를 당신의 유일한 소망으로 다시 한번 선언하라는 하나님의 초청으로 바라보라. 당신의 연약함과 의심의 순간에 복음을 다시 믿어라. 그분을 향한 당신의 복종의 자세를 새롭게 하고 그분이 완수하신 사역에 대한 소식을 의지하라. 마르틴 루터는 "진보하는 것은 언제나 다시 시작하는 것이다"라고 이야기했다.

여기 좋은 소식이 있다. 그럴 가능성은 적지만 당신의 부족한 영적 진보가 실제로 거듭나지 못한 결과라고 해도 복음을 의

"진보하는 것은 언제나 다시 시작하는 것이다."

지하는 순간 당신은 거듭나게 될 것이다. 다른 말로 하면 당신이 복음 안에서 새로워진 믿음이라 생각했던 것이 사실은 첫 믿음이었다고 해도 당신은 결국 구원을 받게 된다. 과거 당신의 구원이 일어난 시점을 정확히 집어내지 못한다고 해도 적어도 현재 구원받았다는 사실은 안다. 당신은 그리스도 안에 거하고 있고, 그것은 하나님이 처음부터 당신에게 원하셨던 바다.

이것은 당신이 수시로 자신이 다시금 구원받고 있다라고 생각해야 한다거나 어제 혹은 그제 당신이 구원받았음을 확신할 방법이 없다는 말이 아니다. 그저 당신이 하나님 앞에서의 당신의 위치를 의심할 때마다 해결책은 동일하다는 말이다. 곧 예수께서 완수하신 사역을 신뢰하라.

"하지만 구원받은 것처럼 느껴지지 않아요"

때로 당신은 구원받지 않은 것처럼 혹은 하나님과 그렇게 가깝지 않은 것처럼 느낄 것이다. 그럴 때 당신은 어떻게 해야 할까?

감정은 변덕스럽고 위험할 정도로 오해의 소지가 있으며 성경은 결코 확신을 위하여 우리의 감정에 호소하지 않는다. 우리의 확신은 그리스도가 완수하신 객관적인 사역에 기초해야만 한다. 확신의 감정은 이미 다 이루신 그 사역을 지속적으로 믿는 믿음에서 올 것이다. 다른 말로 하면 감정이 확신으로부터 오는 것이지, 확신이 감정으로부터 오는 것이 아니다.

내가 고등학교 시절, 아버지는 이것에 대해 놀랍고도 짤막한 그림 같은 설명을 들려주셨다. 아버지는 높다란 성벽 위에 놓인 좁은 통로를 따라 한 줄로 걸어가고 있는 세 명의 사람을 상상해보라고 하셨다. 그 줄의 첫 번째 사람의 이름은 '사실'이고, 두 번째는 '믿음', 세 번째는 '감정'이다. 성벽이 비좁은 까닭에 이들은 자신의 발을 어디로 디뎌야 할지 세심한 주의를 기울여야 했다. 감정의 눈이 믿음에 있고, 믿음의 눈이 사실에 있는 한, 이들은 모두 괜찮을 것이다. 하지만 믿음이 사실로부터 자신의 눈을 떼고 감정을 확인하기 위해 뒤로 도는 순간, 믿음과 감정 모두는 성벽으로부터 떨어질 것이다.

우리의 감정은 우리를 속이는 데 재빠르다. 이것은 우리의 원수가 즐겨 이용하는 연약함이다. 유혹의 와중에 혹은 영적 패배나 우울함의 때, 그는 우리에게 다가와 우리가 정말로 예수님

> "감정을 통해 믿음으로 들어가지 말라.
>
> 믿음을 통해 감정으로 들어가라."

께 속했다면 그렇게 느낄 수 없다고 말하기를 좋아한다. 그는 우리의 감정을 이용해 우리가 믿음을 의심하도록 부추긴다. 하지만 감정은 믿음의 열매다. 결코 그것의 원천이 되어선 안 된다. 우리 교회에서는 다음과 같이 말한다. "감정을 통해 믿음으로 들어가지 말라. 믿음을 통해 감정으로 들어가라."

『천로역정』의 저자 존 번연은 어떻게 확신이 자신에게로 왔는지를 설명하는데, 이것은 오로지 번연의 구원 사역이 완성되었음을 보이시며 그리스도가 아버지 옆에 앉아 계신다는 사실을 바라볼 때뿐이었다. 그의 말에 따르면, 과거 그의 확신은 하루에도 스무 번까지 지속적으로 들쑥날쑥했다. 한순간은 자신이 구원받았음을 확신했다가도 이어 자신의 죄를 충분히 후회했는지 혹은 거듭날 만큼 자신의 믿음이 강력했는지를 의심했다. 하지만 어느 날 그는 다음과 같이 고백했다.

들판을 지나는 동안 갑작스럽게 성경의 한 문장이 떠올랐고 그 문장은 "네 의는 천국에 있다"였다. 나는 믿음의 눈으로 하나님의 우편에 앉아 계신 그리스도를 보았고, 불현듯 나의 의가 그곳에 있으며, 내가 어디에 있고 무엇을 하든지 나의 의가 언제나 그분 앞에 있기 때문에 하나님이 내게 "네 의가 불충분하다" 말씀하실 수 없다는 사실을 깨달았다. 나는 내 선한 마음이 나의 의를 더 낫게 할 수 없고, 악한 마음이 나의 의를 더 못하게 할 수 없음을 보았는데, 나의 의가 어제나 오늘이나 영원토록 동일하신 예수 그리스도이시기 때문이었다.

나의 사슬은 정말로 즉시 풀렸다. 나는 나의 고통과 속박으로부터 놓임 받았다. 나의 의심은 도망했다.…나는 즉시 하나님의 은혜와 사랑을 기뻐하면서 집으로 돌아왔다.[3]

아버지 앞에서의 예수님의 지위가 안전하기 때문에 아버지 앞에서의 우리의 지위 역시 안전하다. 그러한 사실 안에 거하는 것이 확신의 감정을 낳는다.

구원의 확신

우리가 도달한 곳

이 책을 통해 나는 우리가 사랑하는 이들이 우리와 함께할 때 안전하다는 사실을 알기 원하는 것처럼, 하나님 역시 우리가 그분과 함께할 때 안전하다는 사실을 알기 원하신다는 것을 증명하려고 노력했다. 하지만 이런 확신은 우리가 이전에 올려드렸던 기도를 기억하는 것이 아니라 회심의 순간에 시작된 회개와 믿음의 자세를 지속하는 것에서 발견된다.

예수님은 회개하고 믿는 자들은 구원받을 것이라 말씀하셨다. 회개와 믿음은 당신이 어느 한순간에 시작하여 평생 동안 지속하는 자세다. 이런 자세를 지속하는 자들은 자신이 구원받았음을 확신할 수 있고, 이들의 삶은 거듭남을 더더욱 증명하는 영적 열매들을 맺을 것이다.

이 책에서 내가 의도한 바는 죄인의 기도를 비난하는 것이 아니다. 실제로 나는 많은 사람을 이 기도로 인도해서 그들의 믿음을 표현하도록 했고, 바라건대 더욱 많은 이들이 그렇게 하도록 하고 싶다. 나의 목적은 확신의 기초에 이르는 것이다. 예수님을 내 마음에 수천 번 영접하고도 평안을 찾을 수 없었던 나 자신의 경험, 그리고 단순히 기도를 올려드렸기 때문에 자신이 천국을 향하고 있다고 생각하는 사람들에 대해 커져가는 염려, 이 두 가지로 인해 나는 죄인을 구원하는 것은 그리스도를 향한 회개와 믿음의 자세이며 오직 그것뿐임을 분명히 하고 싶었다. 어떠한 죄인의 기도든지 그런 자세를 표현할 때에만 유익하다.

그리스도는 2000년 전에 당신의 구원 사역을 이미 완수하셨다. 그분이 이미 완수하신 객관적인 사역을 의지하라. 그러면 당신의 확신의 감정은 자랄 것이다. 다른 모든 영적 열매도 마찬가지다.

당신의 마음이 너무나도 악해 거듭났다고 도저히 느껴지지 않을 때, 당신이 그리스도와 함께 십자가에 못 박혔고, 그분이 당신의 죄를 영원히 옮기셨다는 사실을 즐거워하라. 당신이 그리스도께서 "내가 너희를 도무지 알지 못하니…내게서 떠나가라"고 말씀하신 이들 중 하나일 거라 생각하여 두려워질 때마다, 그분이 완수하신 사역을 소망하는 모두를 용납하시겠다고 하신 그분의 약속을 의지하라. 마태복음 7:21-23에서 그리스도가 쫓아내신 사람들을 묵상하던 찰스 스펄전이 말한 바를 내가 다른 말로 바꾸어 표현하자면 이렇다. "저를 도무지 알지 못하신다고요, 주님? 어떻게 그렇게 말씀하실 수 있습니까? 제게 구원의 소망이 없을 때, 저는 저의 모든 소망을 당신께 두었습니다. 죄와의

당신도 알다시피 이미 그리스도가 완수하신 사역을

의지한다는 것은 당신이 그분께 아는 바 된다는 것이다.

싸움 속에서 절망했을 때, 저는 힘을 얻고자 당신을 바라보았습니다. 예수님은 절대로 제게 '내가 너를 도무지 알지 못한다'고 말씀하실 수 없습니다."[4]

구원의 소망으로서 자기 영혼의 무게를 하나님이 예수님에 대하여 주신 증거의 진리 위에 두는 사람은 누구든지 "내가 너를 도무지 알지 못하니 내게서 떠나가라"는 말씀을 듣지 않을 것이다. 당신도 알다시피 이미 그리스도가 완수하신 사역을 의지한다는 것은 당신이 그분께 아는 바 된다는 것이다.

하지만 나는 당신이 구원받았음을 의심하는 것이 그리스도를 알기 위해 진심으로 나아온 적이 없기 때문일 수도 있다는 가능성을 남겨둔 채 이 책을 마무리하고 싶지는 않다. 어쩌면 당신은 진심 어린 회개와 믿음이 없이 단순히 예수님을 마음에 영접하는 기도와 같은 일종의 종교적 의식만을 치렀을 수 있다. 당신의 삶에 변화가 없는 것은 당신이 그분을 경험하지 못했다는 증거이고 이런 의심은 당신을 살아 있는 믿음으로 인도하시기 위하여 당신을 깨우시는 하나님의 방법이다.

그렇다면 당신을 위한 초청은 바로 지금 회개하고 믿으라는 것이다. 예수님은 말씀하셨다. "원하는 자는 값없이 생명수를 받으라"(계 22:17). "너희가 그의 음성을 듣거든 너희 마음을 완고하게 하지 말라"(히 4:7).

확신은 이 세상에서 누리는 천국이다

확신은 아주 멋진 것으로, 아마도 우리가 이 세상에서 경험하는 가장 위대한 것이리라. 19세기의 위대한 찬송가 작자인 패니 크로스비의 표현대로

예수를 나의 구주 삼고

성령과 피로써 거듭나니

이 세상에서 내 영혼이

하늘의 영광 누리도다

온전히 주께 맡긴 내 영

사랑의 음성을 듣는 중에

천사들 왕래하는 것과

하늘의 영광 보리로다

주 안에 기쁨 누림으로

마음의 풍랑이 잔잔하니

세상과 나는 간 곳 없고

구속한 주만 보이도다

이것이 나의 간증이요

이것이 나의 찬송일세

나 사는 동안 끊임없이

구주를 찬송하리로다

크로스비는 육체적으로는 맹인이었으나 그녀의 영혼은 모든 것들 중 가장 아름다운 예수님의 변함없는 사랑을 보았다.

당신이 예수님을 알고 예수님이 당신을 아신다는 사실을 당신이 알고 있음을 아는 것은, 당신이 가능하리라 상상해온 것보다 더한 평안과 기쁨으로 당신을 인도할 것이다. 이것은 진실로 이 세상에서 누리는 천국이다. 천국이 당신의 기업임을 확신할 때, 당신은 하나님 나라를 위한 철저한 희생과 대담한 위험으로 움직일 것이다. 그분 안에 당신이 필요한 모든 것이 있음을 알기 때문에 당신은 가진 모든 것을 포기할 수 있다.

내 인생에는 〈예수를 나의 구주 삼고〉의 가사를 절대 진심으로 부를 수 없다고 생각했던 때가 있었다. 지금은 그럴 수 있음을 하나님께 감사한다. 확신은 내가 복음을 더욱 이해했을 때 찾아왔다. 내 믿음은 이제 그리스도가 완수하신 사역 안에서 쉴 곳을 찾았다. 의심의 폭풍이 내 주변으로 몰려올 때, 나는 내 눈을 그분과 그리스도가 완수하신 사역 위에 둔다. 그분은 나 자신의 의심의 파도 위로 나를 붙들어주시는 바위이시다.

우리가 의심할 때에도 항상 미쁘신 분이 계신다. 우리의 발걸음이 흔들릴 때 좋은 터가 되어주시는 분. 우리가 놓을 때에도 계속해서 우리를 잡아주시는 분.

당신의 눈을 그분에게서 떼지 말라. 그분은 미쁘시다. 그분은 말씀하셨다. "다 이루었다."

당신이 예수님을 알고 예수님이 당신을 아신다는 사실을

당신이 알고 있음을 아는 것은, 당신이 가능하리라 상상해온 것보다

더한 평안과 기쁨으로 당신을 인도할 것이다.

세례의 문제

당신이 첫 세례 이후 거듭났다고 생각한다면 어떻게 해야 할까?

이 질문에 대해서는 당신의 특정 상황에 따라 몇 가지 대답이 있다. 당신의 세례가 유아기에 일어났다면 나는 대답이 분명하다고 생각한다. 당신은 다시 세례를 받아야 한다. 당신의 유아세례[침례]는 당신보다는 부모님의 믿음을 상징했고 이들의 믿음에 대해서는 하나님께 감사한다. 하지만 신약에 나타난 모든세례는 자기 자신의 믿음을 고백하는 신자의 것이었다. 따라서 유아인 당신에게 세례[침례]를 주었을 때 당신의 부모님이 품으셨던 소망을 성취하여 다시 세례를 받으라. 이들의 명예를 더럽힌다고 두려워하지 말라. 스스로 예수님을 따르겠다고 선택하는것보다 당신의 세례[침례]를 통해 이들이 표현했던 소망을 높일더 나은 방법이 무엇이겠는가?

반면 초기에 회심을 경험한 이후 세례를 받았지만 당신의 참된 거듭남이 나중에 일어났다고 지금 의심된다면? 당신은 다시 세례를 받아야 할까? 여기에는 절대불변의 대답이 없지만 내 제안은 이렇다. 세례를 받았을 그 시점에 당신이 구원받지 못했다는 사실이 분명하다면 (예로 부모님이나 친구들의 압력으로 세례를 받았거나, 구원에 대한 참된 이해가 없었거나, 다른 숨은 동기가 있었든지 등) 다시 세례를 받아라.

하지만 당신의 세례가 믿음의 여정, 즉 수많은 '부흥'과 결정적 순간으로 점철된 여정의 시작을 묘사한다면 당신의 거듭남이 나중에 일어났다고 의심되더라도 그대로 두어라.

세례는 예수님을 따르겠다는 공개적인 선택을 상징하기 때문에 회심 후의 사건이다. 따라서 아직 구원받지 못한 사람들에게 고의적으로 세례를 주는 것은 그 상징과 교회 안에서의 그것의 역할을 왜곡하고 훼손하는 것이다. 하지만 당신 자신의 경험 속에서 그 기술적인 순서가 뒤바뀌는 것은 그 상징의 왜곡이 아니라 다만 시기 선택의 실수이며 이것은 별로 중요하지 않다.

세례는 순서가 틀릴 경우 열 수 없는 번호 자물쇠의 수열과 같지 않다. 따라서 그것이 당신의 거듭남 이후 일어나도록 하는 데 집착하지 말라. 진심 어리고 의식적인 신앙고백 이후 세례를 받았다면 때때로 당신의 거듭남이 나중에 일어났다는 의심이 들더라도 그것을 받아들이고 더 이상은 신경 쓰지 말라. 그리스도인으로서 우리는 이제껏 경험해온 모든 것이 오직 희미함이었다고 느끼게 해줄 새로운 은혜의 경험들을 지속적으로 하게 될 것이다.

C. S. 루이스는 『네 가지 사랑』(홍성사 역간)을 저술하고 나중에 『순전한 기독교』(홍성사 역간)가 된 대담을 제공한 이후인 1951년의 어느 날을, "우리의 죄가 용서받았다는 교리에 대한 단순한 지식적 용납에서 깨달음"으로 옮겨진 날로 묘사한다.[1] 이것을 자신의 회심으로 여기지는 않았지만 그는 이것에 비추어 볼 때 자신이 "이전에 '믿음'으로 불렸던 것은 완전히 비현실적인 듯 보였다"고 고백했다.[2] 시대를 초월한 기독교 신앙의 고전 중 하나를 저술한 이후였다. 당신에게 그런 일이 생길 경우 나는 그것을 회심이 아닌 예수님과 당신 간의 관계의 점진적인 깊어짐으로 보기를 권면한다. 하나님은 그리스도 안에서 당신을 계속하여 지식적·감정적·영적으로 성숙시키신다. 다시 세례를 받지 말라.

당신이 예수님과 동행하고 있다면 당시 이해했던 것이 지금 알고 있는 것에 비교할 수 없을지라도 예수님을 주님으로 인정한 당신의 첫 고백을 하나님이 당신 안에 생명의 씨앗을 심으

구원의 확신

신 첫 번째 증거로 보아라. 우리 믿음의 유효성은 그것에 대한 우리의 첫 반응의 강도가 아니라 그것 안에서의 인내로 드러난다. 따라서 오늘 당신이 예수님과 동행하고 있다면 당신을 세례로 인도했던 믿음의 첫 싹은 참된 것일 가능성이 높다. 당신의 첫 세례를 그대로 두어라.

히브리서 저자는 세례를 초보적인 것, 즉 그것으로부터 무엇을 지어가야지 그것을 목표로 해서는 안 되는 것으로 불렀다 (히 6:1-3). 따라서 당신이 알기에 세례 당시 당신이 완전히 무지했거나 고의적으로 위선적이지 않았다면, 예수님을 섬기고 그분을 위해 자신을 쏟아붓는 것과 같은 기독교의 좀 더 충실한 일들을 시작하라. 다음 단계로 넘어가라.

설사 천국에 도착해서 당신이 세례 이후에 거듭났다는 사실을 알게 되었다고 하더라도 당신은 천국에서 세례와 거듭남의 순서가 뒤바뀐 자들을 위해 예비된 보다 저급한 구역으로 강등되지 않을 것이다. 정말로 세례는 매우 중요한 믿음의 상징이자 우리가 예수님과 하나 되고 이미 다 이루신 그분의 사역에 대한 우리의 믿음을 세상에 선언하는 순간이다. 그러나 이보다 더 큰 의미를 부여하지는 말라.

확신과 '오직 믿음으로 이루어지는 칭의'
교리 사이의 필수적인 관련성

이번 부록에서 나는 구원이 오직 믿음으로 말미암는다는 사실을 믿는 것이 왜 확신을 얻는 데 필수적인지를 보이려고 한다.

최근 성경을 믿는 많은 그리스도인이 영원한 확신의 교리를 경시해왔는데, 그 이유는 이것이 그리스도를 영접하고도 자신이 원하는 대로 살 수 있다고 믿는 그리스도인들을 만들어내기 때문이라고 한다. 구원이 사실은 믿음으로 얻어지는 선물이 아니라, 믿는 동시에 예수님의 가르침을 마땅히 따르는 자들과 그분의 새로운 왕국의 질서 아래에서 합당히 살고 그분의 회복 사역을 받아들이는 자들에게 임한다고 주장하는 사람들이 있다.[1]

이들은 다음과 같은 구절들을 인용한다.

하나님 앞에서는 율법을 듣는 자가 의인이 아니요 오직 율법을 행하는 자라야 의롭다 하심을 얻으리니(롬 2:13).

구원의 확신

이로 보건대 사람이 행함으로 의롭다 하심을 받고 믿음으로만은 아니니라(약 2:24).

어떤 율법교사가 일어나 예수를 시험하여 이르되 "선생님, 내가 무엇을 하여야 영생을 얻으리이까?" 예수께서 이르시되 "율법에 무엇이라 기록되었으며 네가 어떻게 읽느냐?" 대답하여 이르되 "네 마음을 다하며 목숨을 다하며 힘을 다하며 뜻을 다하여 주 너의 하나님을 사랑하고 또한 네 이웃을 네 자신 같이 사랑하라 하였나이다." 예수께서 이르시되 "네 대답이 옳도다. 이를 행하라. 그러면 살리라" 하시니(눅 10:25-28).[2]

이들은 이것이 '행위에 의한 구원'과 동일하다는 사실을 부인하는데 그 이유는 (a) 우리 마음속에서 역사하시는 하나님의 은혜로운 사역이 우리로 하여금 율법을 지키도록 하기 때문이며, (b) 우리 모두가 하나님의 기준에 너무나도 미치지 못하여 그것에 도달하기 위한 우리의 유일한 소망이 그리스도의 대속 사역뿐이기 때문이다. 그럼에도 불구하고 이들은 우리가 율법을 지켜 그리스도의 의를 얻는다고 주장한다. 우리가 앞서 보았던 레위기의 그림을 사용하자면, 그분의 죽으심을 우리의 것으로 만들기 위해 우리가 예수님의 머리 위로 얹는 손이 선한 행위다.

일부 기독교계에서 흔한 이러한 가르침의 변형은 그리스도의 의가 하나님께서 우리의 계좌로 '입금'해주시는 무엇이 아니라 우리 안에 '주입'시켜주시는 무엇이라는 것이다. 하나님은 우리에게 올바르게 행동하고자 하는 은혜를 주시고, 우리가 얼마나 의롭게 행동했는지에 기초하여 우리를 평가하신다.[3] 구원은 그 행위 자체가 은혜임에도 불구하고 우리의 선한 행위에 따라 주어진다.

이것이 사실이라면 여전한 의문들이 남는다. 의롭다 여김을 받기 위해 내가 충분히 순종했다는 사실을 나는 어떻게 알 수 있을까? 저주받을 자들과 구원받을 자들 사이의 경계선은 정확히 어디에 있을까? 좀 더 분명히 묻자면 어느 정도의 불순종이 그리스도의 의로부터 내 자격을 박탈할까?

믿음이 하나님을 향한 회개의 자세를 포함하고 이것이 선한 행위로 표현된다는 점은 분명하다. 하지만 이러한 믿음의 표현들을 믿음 자체와 혼동해서는 안 된다. 믿음의 대상은 오로지 그리스도와 그분의 대속 사역뿐이다. 구원하는 믿음은 그 자신에게서 눈을 돌려 그리스도가 이루신 것을 바라보지, 자신으로 돌이켜 자신이 이룬 것을 바라보지 않는다.

구원의 확신

이것이 확신을 가져다주는 유일한 믿음이다. 믿음의 대상을 믿음의 결과와 혼동할 때, 우리는 곧 확신을 잃어버릴 것이다. "나의 행위가 충분한가?"라는 질문이 언제나 우리를 괴롭힐 것이다. "충분한가?"는 당신을 절망으로 몰아가는 질문이다. 당신의 행위가 얼마만큼이든 참소하는 자는 언제나 "더!"를 외칠 것이다. 당신은 결코 충분히 선할 수 없다. 좋은 소식은 예수님이 충분히 이루셨다는 것이다. 그분은 "다 이루었다"고 말씀하셨다. 따라서 참소하는 자에게 그것을 보여주고 입을 다물라고 이르라.

그렇다면 구원이 율법을 지킴으로써 얻어진다는 사실을 의미하는 듯한 앞서 인용한 구절들을 어떻게 이해해야 할까? 이들을 좀 더 자세히 살펴보도록 하자.

하나님 앞에서는 율법을 듣는 자가 의인이 아니요 오직 율법을 행하는 자라야 의롭다 하심을 얻으리니(롬 2:13).

이 구절은 로마서의 한 부분으로, 여기서 바울은 구원을 얻는 방법이 아닌 모든 사람에게 구원이 필요한 이유를 설명하며 자신의 주장을 펼치고 있다.

바울이 이 구절에서 제시하는 요점은 두 가지다. 첫째는 많은 유대인의 생각처럼 단순히 율법을 소유하는 것이 하나님 앞에서 이들을 의롭게 하지 못한다는 것이다. 물론 당신이 율법을 완벽하게 지켰다면 당신은 의로울 것이나, 바울의 말에 따르면 단순히 율법을 소유하는 것이 당신을 그렇게 만들어주지는 않는다. 따라서 바울의 말은 사실이다. 율법을 정말로 지키는 사람이 있다면 그들은 그것으로 의롭다 여김을 받을 것이다. 하지만 어느 누구도 그렇지 못하다. 바울은 다음 장에서 이야기했다. "의인은 없나니 하나도 없으며 깨닫는 자도 없고"(롬 3:10-11). 율법의 결론은 모든 사람이 죄를 범하였으매 하나님의 영광에 이르지 못한다는 것이다(롬 3:21-23). 따라서 로마서 2:13에서 바울이 이야기한 바는 3:23에서 그가 내린 결론에 비추어 읽혀야 한다. 율법에 대한 순종을 기초로는 누구도 구원받을 수 없다. 우리 모두가 그것에 이르지 못한다.

그러나 또 다른 의미에서 바울은 참된 믿음이 율법의 명령에 순종하는 내면의 의를 생산한다고 이야기하는데 이것은 그가 나중에 구체화하는 결론이다. 바울이 로마서 12:1-2에서 설명하

구원의 확신

는 구원의 목표는 단순히 용서만이 아니라 하나님의 율법을 사랑하는 변화된 마음이다. 믿음으로 의로워진 사람들은 마음으로부터 율법에 순종하기 시작할 것이다. 바울은 의로운 행위가 없는 것은 마음의 변화가 없었기 때문이라고 이야기할 것이다. 또한 마음의 변화가 없는 것은 구원이 없었기 때문이다.

율법을 지키는 것은 칭의의 기초가 아니라 그것의 결과다. 믿음은 구원의 수단이고 선한 행위는 열매다.[6]

이로 보건대 사람이 행함으로 의롭다 하심을 받고 믿음으로만은 아니니라(약 2:24).

여기서 야고보는 구원이 오직 믿음으로 얻어지는 것이 아니라고 말하며 다른 신약의 저자들을 부인하고 있지 않다. 대신 구원하는 믿음이 결코 혼자일 수 없다고, 즉 선한 행위가 없이 혼자일 수 없다고 이야기한다.

구원하는 믿음은 그것의 뿌리가 새로운 거듭난 마음에 있기 때문에 그 특징상 선한 행위를 낳는 충동을 갖는다. 선한 행위가 없는 곳에는 구원하는 믿음도 없다. 선한 행위가 믿음과 동일하다거나 그것을 대체한다는 것은 아니지만, 참된 믿음은 언제나 선한 행위를 낳는다.

믿음을 살아 있는 몸으로 생각해보라. 살아 있는 몸은 숨을 쉴 것이다. 죽은 몸에 인공호흡기를 달아 숨을 쉬도록 강요한다 해도 그것을 살릴 수는 없다. 마찬가지로 구원, 즉 영혼의 생명은 믿음을 통해 일어난다. 하지만 참으로 살아 있을 때 우리는 확실히 선한 행위의 숨을 내쉴 것이다.

야고보는 바울을 부정하는 것이 아니라 사실 독자들이 이미 바울을 이해했고 그와 의견을 같이했다고 추정하고 있다. 야고보는 구원하는 믿음이 영혼에 생명을 가져오는 믿음, 곧 선한 행위의 호흡을 생산하는 믿음임을 분명히 하고 있다. 선한 행위의 호흡이 없는 곳에는 믿음의 생명 역시 없다.

그리고 마지막으로

어떤 율법교사가 일어나 예수를 시험하여 이르되 "선생님, 내가 무엇을 하여야 영생을 얻으리이까?" 예수께서 이르시되 "율법에 무엇이라 기록되었으며 네가 어떻게 읽느냐?" 대답하여 이르되 "네 마음을 다하며 목숨을 다하며 힘을 다하며 뜻을 다하여 주 너의 하나님을 사랑하고 또한 네 이웃을 네 자신 같이 사랑하라 하였나이다." 예수께서 이르시되 "네 대답이 옳도다. 이를 행하라.

구원의 확신

그러면 살리라 하시니"(눅 10:25-28).

    정말로 예수님은 우리가 이웃을 사랑함으로써 영생을 얻는다고 말씀하고 계신 걸까? 언뜻 보기에는 그런 듯하지만 예수님의 대답을 낳은 이야기에 세심한 주의를 기울여야 한다. 예수님께 질문한 사람은 영생을 얻고자 노력하는 데 자신의 일생을 사용해왔으며 그것을 확실히 하기 위해 무엇을 더 해야 할지를 묻고 있다.

    이 사람은 자신의 질문에 대한 대답을 진정으로 구하는 구도자가 아니라 자신의 자아를 북돋기 위하여 애쓰는 종교인이었다. 그는 자신에게 구원이 필요하다고 믿지 않았기 때문에, 예수님은 기꺼이 그의 놀이에 참여하여 그의 방식대로 그를 물리치셨다. 그분은 말씀하신다. "네가 영생을 얻기 위해 무엇을 해야 할지를 묻느냐? 답은 간단하다. 완전해져라." 나는 예수님의 대답을 다음과 같이 바꾸어 표현하고 싶다. "정말로 너는 네가 영생의 자격을 얻을 만큼 하나님과 다른 사람들을 충분히 사랑해왔다고 믿느냐? 진심이냐?"

    예수님의 이야기는 이 사람의 이른바 의로운 행위 이면에 존재하는 위선적인 마음을 드러내어 그의 자랑의 불합리성을 폭

로한다. 이 장을 끝까지 읽는다면 그가 율법을 지켜 구원을 받으려고 해서는 안 되는 사람임을 알게 될 것이다. 그는 사마리아인을 미워했다. 자신이 율법을 잘 지켰다고 생각하는 사람들은 조금만 들여다보아도 자신의 마음이 모순과 위선 투성임을 알게 될 것이다. 이것이 예수님이 이 사람에게 행하신 바다. 예수님은 그를 도와 그가 자신의 실제 마음의 상태를 헤아리도록 하셨다.

예수님의 말씀은 사실 우리 중 그 누구도 율법에 순종함으로써 구원받을 것을 도저히 소망할 수 없다는 사실을 강화한다. 우리 중 누구도 충분히 사랑하지 않는다. 우리 중 충분히 선한 이웃은 없다. 따라서 우리가 구원받기 위해서는 율법을 지키겠다는 새로워진 헌신과 더 나은 사람이 되겠다는 새로운 결의, 가난한 자들을 대변하기 위한 더욱 거대한 행동주의 이상의 무엇이 필요하다. 다른 사람, 즉 우리를 대신하여 율법에 완벽히 순종했고 우리의 실패에 대하여 우리 대신 형벌을 당한 다른 사람의 공로가 필요하다. 그분이 우리를 대신하여 이것을 행하셨음을 믿고 그것을 의지할 때 그분의 의는 우리의 것이 된다.

1장. 네 번의 침례

1. http://www.barna.org/faith-spirituality/514-barna-study-of-religious-changesince-1991-shows-significant-changes-by-faith-group을 참조하라.

2. Charles H. Spurgeon, "A Free Grace Promise," *Spurgeon's Sermons on Prayer* (Peabody, MA: Hendrickson Publishers, 2007), 140-41.

3. "추측건대 여러분 중 많은 분은 회심하지 않았고 은혜가 없으니 집으로 돌아가십시오. 그리고 골방으로 들어가 여러분의 완고한 마음을 하나님 앞에 내려놓으십시오. 이제껏 그렇게 해보신 적이 없으시다면 오늘 밤 그렇게 하십시오. 아니면 집으로 돌아가기까지 기다리지 마십시오. 지금 여기 서 계신 동안 시작하십시오. 하나님께 기도하시고 여러분 마음의 언어가 다음과 같이 되도록 하십시오. 주님, 저를 회심시켜주시옵소서. 주님, 저를 어린아이로 만들어주시옵소서. 주 예수님이시여, 저를 당신의 왕국으로부터 쫓아내지 말아주시옵소서." George Whitefield, "Marks of a True Conversion," *Sermons of George Whitefield* (Peabody, Mass.: Hendrickson Publishers, 2009), 81.

4. "그는 [믿음은] 나에게 직접 가서 그를 만나보라고 했습니다. 나는 주제넘은 짓은 하지 않겠다고 말했지요. 그랬더니 그분이 나를 초청했기 때문에 그것은 주제넘은 짓이 아니라고 하더군요.…그래서 나는 그분에게 나아가려면 어떻게 해야 하느냐고 물었지요. 그는 대답하기를, 무릎을 꿇고 마음과 뜻을 다해 아버지께 그를 계시해달라고 기도해야 한다고 하더군요.…나는 믿음에게 그분을 찾아가서 무슨 말을 해야 할지 모르겠다고 말했습니다. 그러자 그는 이렇게 말하라고 가르쳐주더군요. '하나님 불쌍히 여기소서. 저는 죄인이로소이다. 저로 하여금 예수 그리스도를 알게 하시고 또 믿게 하옵소서. 만약 그의 의가 없으

면 또 내가 그의 의를 믿지 아니하면, 나는 결국 내쫓김을 당할 줄을 알기 때문입니다. 주여, 나는 당신이 자비의 하나님이시요, 당신의 아들 예수 그리스도를 보내사 세상의 구주가 되게 하셨다고 들었습니다. 뿐만 아니라 나와 같이 불쌍한 죄인들을 위해(나는 참으로 죄인입니다!) 아들을 기꺼이 바치셨다는 사실도 압니다. 그러니 주여, 지금 당신의 아들 예수 그리스도를 통해 제 영혼을 구원하시어 당신의 크신 은혜를 나타내옵소서. 아멘.'" John Bunyan, "Hopeful's Conversion," *Pilgrim's Progress* (Grand Rapids, MI: Baker, 1971), 132-33. 『천로역정』(CH북스 역간).

2장. 하나님은 우리가 확신하기를 원하시는가?

1. 빌 3:10을 참조하라.
2. 요일 4:19, 고후 3:16-18, 갈 3:2, 5:16-23을 참조하라. 바울의 설명에 따르면 우리가 믿음으로 복음을 받아들일 때 성령의 능력은 우리의 마음에 임한다.
3. 요 14-16장을 참조하라. 특히 요 16:33을 참조하라.
4. 사 9:6을 참조하라.
5. 요 10:28-29, 갈 2:20을 참조하라.
6. 많은 이들이 이러한 주장을 과장해왔지만 (예로 예수님이 이것을 미쉬나와 다른 유대 자료들로부터 직접 인용하셨다는 것인데 이것은 사실이 아니거나 적어도 증명이 불가능하다) 예비 신랑이 '인슐라이'라고 불리는 자기 아버지 집에 새로운 신부를 위한 공간으로 방을 짓는 것은 분명 관례적인 일이었다. 이것의 예로는 다음을 참조하라. Ray Vander Laan, *Echoes of His Presence* (Grand Rapids, MI: Zondervan, 1996), 12-19; Mendell Lewittes, *Jewish Marriage: Rabbinic Law, Legend, and Custom* (Northvale, NJ: Jason Aronson Inc., 1994), 51-64, 71; Maurice Lamm, *The Jewish Way in Love and Marriage* (San Francisco: Harper & Row, 1980), 154. 여기에 덧붙여 설사 예수님이 이 구절들에서 유대의 혼인 절차를 생각하지 않으셨다고 하더라도 요한의 글 중 여러 다른 부분들이 예수님이 자신을 신랑으로, 교회를 신랑을 기다리는 자신의 신부로 보셨음을 증명한다(예. 요 3:29; 계 19:7-9; 21:2; 22:17).
7. 요 15:9을 참조하라.

8. 나는 이것을 『복음본색』(*Gospel: Recovering the Power that Made Christianity Revolutionary*, 새물결플러스 역간)에서 광범위하게 기록했다.

9. Martin Luther, *Lectures on Galatians 1535: Chapters 1-4*, LW 26. Edited by Jaroslav Pelikan. Saint Louis, MO: Concordia Publishing House, 1963. "내가 이것을 이야기하는 것은 궤변가들과 수도사들의 위험한 교리[매우 해로운 교리 혹은 지옥에 떨어져 마땅한 교리]를 반박하기 위함인데, 이들은 누구도 그가 자신의 능력에 따라 선한 일을 행하고 흠이 없는 삶을 산다고 해도 자신이 은혜의 상태에 있는지를 확신할 수 없다고 가르치고 믿는다.…교황의 전 왕국이 기초해 있는 이 사악한 생각은 당신과 같은 젊은이들이 도망하고 두려움 가운데 위험한 전염병으로 여겨야 할 것이다"(LW 26:377). 또한 "그러므로 이 불확실이라는 괴수로부터 우리를 건져주셨고 지금 우리는 성령께서 우리 마음속 말로 할 수 없는 신음까지 외쳐 전하여 주시는 것을 확실하게 믿을 수 있으니 하나님께 감사하자. 우리의 기초는 다음과 같다. 복음은 우리에게 우리 자신의 선한 행위나 완벽이 아닌 하나님이 약속하시는 대로 그분 자신과 중보자 되신 그리스도 자신을 바라볼 것을 명령한다. 반면 교황은 하나님이 약속하시는 대로 그분과 우리의 대제사장 되시는 그리스도가 아닌 우리 자신의 행위와 가치를 바라보도록 명령한다. 후자의 과정으로부터는 의심과 절망이 필연적으로 따를 것이지만 전자로부터는 확신과 성령의 기쁨이 따를 것이다"(LW 26:386-387).

10. 요일 4:19을 참조하라.

11. 이 이야기의 원래 출처는 찾기가 어려웠다. Bryan Chappell은 자신의 책 *Christ-Centered Preaching*에서 이것을 언급했다. 개인적인 편지를 통해 Chappell은 내게 옥스퍼드 대학교에 보관된 John Bunyan의 서신 모음에서 그것을 읽은 것은 기억이 나지만 원래의 인용구는 그 이후 잃어버렸다고 이야기했다.

12. 예로는 요 3:16, 36, 9:36-38이 있다.

3장. 나를 대신하신 예수

1. 구원하는 믿음과 예수님에 대하여 귀신들도 가지고 있는 단순한 지적 동의의

차이점에 대해서는 5장에서 더 설명할 것이다.

2. 신약 학자 J. Ramsey Michaels는 다음과 같이 이야기한다. "'아들을 믿는 자에게는'(36절 상)과의 대조는 그 뜻이 동일함을 분명히 하는 동시에 동사의 변화는 '믿음'을 단순한 지적 동의가 아니라 순종 혹은 '빛으로 옴'(20-21절과 비교해보라)으로 정의하는 데 도움을 준다." *The Gospel of John*, The New International Commentary on the New Testament (Grand Rapids, MI: Wm. B. Eerdmans Publishing Co., 2010), 227. 논의가 되고 있는 그리스어인 *apeithon*은 다른 곳에서는 "따르지 아니하고"(롬 2:8)로 번역되었다. 요 3:36에서 KJV와 NKJV, HCSB는 두 절 모두에서 "믿는"을 사용하고, NIV는 첫 번째 절에서는 "믿는"을 두 번째 절에서는 "순종하지 아니하고"를 선택하며, ESV와 ASV, RSV는 두 번째 절에서 "따르지 아니하고"의 변형들을 사용한다.

3. 이 예화의 영감은 Tim Keller가 2005년 뉴욕시에 위치한 리디머 장로교회에서 히 7:17-27을 본문으로 전했던 설교에서 왔다. Keller는 이것의 출처가 Dick Lucas에게 있다고 말했다.

4. 나는 아버지와 예수님이 원하시는 바가 서로 다르다는 사실을 암시하려는 것이 아니다. 예수님은 아버지의 말씀이시고 이것은 그분이 하나님의 마음을 완벽하게 표현하신다는 뜻이다. 예수님이 느끼시는 것을 아버지도 느끼신다. 나는 다만 우리를 대적하는 어떠한 주장도 유효하지 않다는 사실을 설명하고 있다. 오히려 우리를 고소하며 아버지 앞에 서 있는 자는 사단이라고 말하는 것이 더 정확할 것이다.

5. 요일 1:9과 마 26:39를 참조하라.

6. 요 19:30, 롬 4:25, 히 1:3을 참조하라.

7. 요 14:6과 행 4:12을 참조하라.

8. 이와 같은 관례의 첫 번째 언급은 조하르(*Zohar*)라고 불리는 13세기 랍비 주석으로부터 나오는데 이것은 출 28:33-35을 막연히 기초한 듯 보인다. *Zohar*, Volume 16, "Emor" Section 34, "Yom Kippur" Paragraph 251 (255). 유대 지도자들은 모세의 율법을 확실히 지켰음을 보증하기 위해 그것에 세부 조항들을 더하는 것으로 알려져 있다. 이것이 스가랴 시대의 조항들 중 하나였는지는 확실하지 않다. 확실한 것은 지성소로 들어가는 것이 심각하고 생명을 위협하는 시도였다는 사실이다.

9. Tim Keller는 자신의 책 *King's Cross: The Story of the World in the Life of Jesus* (New York: Penguin Group, 2011), 79-80에서 그가 들었던 Dillard의 설교를 인용한다. 『팀 켈러의 왕의 십자가』(두란노 역간). 이것에 대해 더 알기 원한다면 Jacob Milgrom, *Leviticus 1-16*, The Anchor Bible, 1015-16을 참조하라. Milgrom은 자신의 결론을 미쉬나로부터 도출하는데 미쉬나 요마(*Yoma*) 편에서는 속죄일을 상당히 자세하게 설명한다. 요마는 첫 번째 제사장이 부적합할 경우를 대비해 예비 제사장을 세우는 것과 제사장이 피 뿌리는 동작을 연습하던 모의 실습, 몸의 부분들의 구체적인 목욕 순서와 같은 세부사항들을 포함한다.

10. Tim Keller, *King's Cross*, 81. 『팀 켈러의 왕의 십자가』(두란노 역간).

11. 엡 5:22-31을 참조하라.

12. 고후 5:21을 참조하라. 나는 여기 작은 영감의 공로를 내 친구 David Platt에게 돌려야 한다. 그는 내가 들어본 누구보다도 이 비유를 잘 구체화시켰다.

13. 찬송가 〈이 몸의 소망 무언가〉.

14. 나의 책, 『복음본색』(새물결플러스 역간)에 실린 "복음 기도"의 첫 번째 구절.

4장. 믿음은 무엇인가?

1. http://www.newsmax.com/InsideCover/poll-americans-believe-christ/2010/04/04/id/354704을 참조하라.

2. Martin Luther, *Commentary on Romans* (Grand Rapids: Kregel, 1954), 147-48. 『루터의 로마서 주석』(CH북스 역간).

3. Martin Luther, *Commentary on Galatians*, from the preface, xvii-xx. In *The Crossway Classic Commentary Series*, ed. Alister McGrath, J. I. Packer (Wheaton: Crossway, 1998). 『마르틴 루터, 갈라디아서』(복있는사람 역간).

4. 부록 2 "확신과 '오직 믿음으로 이루어지는 칭의' 교리 사이의 필수적인 관련성"을 참조하라.

5장. 회개는 무엇인가?

1. C. S. Lewis, *Mere Christianity* (New York: Harper Collins, 1952), 56. 『순전한 기독교』(홍성사 역간).

2. 행 3:19과 행 26:20 역시 참조하라.

3. 막 5:25-34, 눅 22:31-34, 요 21:1-19, 20:24-29을 참조하라.

4. 약 2:26을 참조하라.

5. Flannery O'Connor, *Wise Blood: A Novel* (New York: Farrar, Straus, and Giroux, 1949), 22. 『현명한 피』(IVP 역간).

6. 요일 3:6을 참조하라.

7. Jared Wilson, *Gospel Wakefulness* (Wheaton: Crossway, 2011), 207. 『복음에 눈 뜨다』(예수전도단 역간).

8. 1장에서 언급했듯이 갈 2:11-14에서 베드로에 대면했던 바울을 참조하라.

9. 고후 12:7을 참조하라.

10. 눅 23:50-51, 요 19:38을 참조하라.

11. 막 9:22-24을 참조하라.

12. 예로 눅 6:46, 14:26, 33을 참조하라.

13. 나는 복음이 우리 삶에 요구하는 바를 『복음본색』(새물결플러스 역간)을 통해 이미 기록했다. 복음을 받아들이는 것은 반드시 예배와 관대함, 선교의 삶으로 이어진다.

14. 물론 십계명의 처음은 우리가 이 땅의 무엇과도 같지 않게 하나님을 예배하고 구하고 섬기는 것이었다.

15. 히 2:3, 4:1, 7, 계 22:17, 마 23:37을 참조하라.

16. 요 1:12-13, 빌 2:13을 참조하라.

17. Charles Spurgeon, *The Soul Winner* (New Kensington, PA: Whitaker House, 1995), 23. 『영혼 인도자에게 전하는 글』(지평서원 역간).

18. 벧전 1:22-25, 마 13:31-32을 참조하라.

19. 요 15:4-5을 참조하라.

20. 엡 3:20-21을 참조하라.

21. N. T. Wright, *Matthew for Everyone*, Part 1 (London: SPCK, 2002), 19-22. 『모든 사람을 위한 마태복음 1』(IVP 역간).

22. 2006년 4월 19일 베들레헴 침례교회로 보내진 편지. http://www. desiringgod.org/resource-library/taste-see-articles/thoughts-on-jesus-demand-to-repent.

6장. '한번 받은 구원이 영원한 구원'이라면 성경은 왜 우리의 구원을 잃어버리는 것에 대해 그렇게 자주 경고할까?

1. 성경은 단순히 사람의 말일 뿐 아니라 하나님의 말씀이기 때문에 그 자신을 부인할 수 없다. 하나님은 자신의 마음을 변개하거나 자신의 관점을 번복할 수 없으시다(딤후 3:16-17; 시 119:89).

2. 예로 히브리서 저자는 또한 구원이 그리스도가 단번에 사신 선물로서 변하지 못할 하나님의 뜻과 맹세로 우리에게 주어진 영원한 언약이며, 예수님이 우리를 버리지도 아니하고 떠나지도 않으실 거라 가르친다. 저자는 우리를 권고해 튼튼하고 견고한 영혼의 닻을 굳게 잡으라 이야기한다(히 6:17-19; 9:26; 13:5, 20-21). *The Epistle to the Hebrews in The Pillar New Testament Commentary Series*의 저자 Peter T. O'Brien은 다음과 같이 말한다. "히브리서 자체에도 자신의 백성들을 향한 약속을 성취하실 하나님의 신실하심을 기초로 하고(히 2:10; 6:10-20) 그리스도의 희생의 최종성에 바탕을 둔(히 9:11-28; 10:14-18) 격려와 확신의 강력한 말들이 존재한다." http://thegospelcoalition.org/blogs/tgc/2012/01/09/warning-passages-ahead을 참조하라.

3. 이 부분을 위해서는 다음의 도움을 크게 받았다. D. A. Carson, "Reflections on Assurance," *Still Sovereign: Contemporary Perspectives on Election, Foreknowledge, and Grace*, ed. by Thomas R. Schreiner, Bruce A. Ware (Grand Rapids: Baker, 2000), 247-76; C. Adrian Thomas, *A Case for Mixed-Audience with Reference to the Warning Passages in the Book of Hebrews* (New York: Lang, 2008), 184-85; *Four Views on the Warning Passages in Hebrews*, ed. by H. W. Bateman (Grand Rapids: Kregel, 2007), 172-219; Thomas R. Schreiner, Ardel B. Caneday, *The Race Set Before Us: A Biblical Theology of Perseverance and Assurance* (Downers Grove, IL: Intervarsity Press, 2001); 그리고 시애틀에서 열린 2011 부활 컨퍼런스에서 Tom Schreiner가 한 말, WA, entitled, "Being Sure about Being Saved,

Parts 1-2": http://theresurgence.com/2011/12/04/being-sure-about-being-saved; http://theresurgence.com/2011/12/11/being-sure-about-being-saved-part-2.

4. 여느 교회의 회중이 그렇듯 나의 회중에도 진정한 신자와 진실 되지 못한 신자들이 당연히 섞여 있다. 이것은 우리가 공공연한 불신자들이 교회의 구성원으로 기능하도록 허용한다는 의미는 아니지만 종종은 누가 참으로 구원을 받았고 누가 그런 행세를 하고 있는지 알 방도가 없다는 뜻이다. C. Adrian Thomas, *A Case for Mixed-Audience with Reference to the Warning Passages in the Book of Hebrews* (New York: Lang, 2008), 184-85을 참조하라. Peter O'Brien 은 이야기한다. "참으로 회심을 했고 구원하시는 그리스도의 사역을 자신을 위하여 참되게 사용한 이들이 있었다는 것은 분명하다. 그들의 수가 어떠했고 또 누구였는지 저자는 정확하게 알지 못한다. 하지만 그는 자신이 본 바에 기초하여 전 회중에게 이야기하고 있으며 이들에게 그리스도 안에서 이들이 믿는 도리와 기독교의 소망, 하나님 안에서의 확신을 흔들리지 말고 굳게 잡으라 충고한다(히 3:6, 14; 4:14; 6:18; 10:23). 중요한 것은 저자가 배교한 이들을 가리킬 때에도 2인칭보다는 3인칭 복수형을 사용하고(예로 '한 번 빛을 받고…타락한 자들은'; 히 6:4-6) 노골적으로 이들을 자신의 독자들과 동일시하지 않는다는 점이다. 분명 큰 위험에 처했던 이들이 있었지만 그는 이들이 배도했다고는 주장하지 않는다. 신적 언약과 마찬가지로 경고는 이것이 일어남을 방지하기 위한 의도다." http://thegospelcoalition.org/blogs/tgc/2012/01/09/warning-passages-ahead을 참조하라.

5. 막 4:16-19을 참조하라.

6. 눅 9:62을 참조하라.

7. 창 20:2-6과 비교하라.

8. 요 6:35-39을 참조하라.

9. 눅 12:10. 또한 요 6:66, 벧후 3:17, 히 10:26-29, 39, 살후 2:11을 참조하라. 바울은 자신이 하나님의 구원을 불경하게 거절했던 것은 믿지 아니할 때에 알지 못하고 행한 것이라 말했다(딤전 1:13). 그는 하나님의 성령을 영원히 쫓아낼 수 있는 마음의 완고한 강퍅함이 있다는 사실을 인정했다.

10. Ed Welch는 이런 기소가 신적 권위가 예수님께 있다는 사실을 알고 있음에

도 불구하고 그분에 대한 신성모독과 반대를 지속하는 종교 지도자들을 향한 것이라고 언급했다. Welch는 논의되고 있는 본문을 분석하여 다음의 훌륭하고 간결하며 목회적인 기사를 썼다. http://www.ccef.org/unpardonable-sin

11. 빌 2:12-13, 고전 12:3, 요 6:44을 참조하라.

12. 계 22:17, 요 6:37을 참조하라.

13. 히 3:15을 참조하라.

14. 눅 3:8, 렘 31:33-35, 겔 36:26을 참조하라.

15. Wayne Grudem, *Bible Doctrines* (Grand Rapids, MI: Zondervan, 1999), 336.

16. 벧후 1:10, 빌 2:12-13을 참조하라.

17. 빌 2:12을 참조하라.

18. 도르트 신조 다섯 번째 교리 13장, 14장은 다음과 같이 이야기한다. "복음의 선포로 이 복음의 사역을 우리 안에 시작하신 것이 하나님을 기쁘시게 했던 것처럼 또한 그분은 복음의 들음과 읽음, 묵상, 그리고 그것의 권면과 꾸짖음, 약속을 통해 자신의 사역을 보존하시고 지속하시며 완성하신다."

19. 1758년 Robert Robinson 작사 〈복의 근원 강림하사〉.

20. Thomas R. Schreiner, Ardel B. Caneday, *The Race Set Before Us: A Biblical Theology of Perseverance and Assurance* (Downers Grove, IL: InterVarsity Press, 2001)를 참조하라. 다시 한번 이번 장은 이 책을 통한 그의 연구와 통찰에 많은 빚을 졌다.

21. 딤후 2:13을 참조하라.

7장. 당신이 믿었다는 증거

1. 고전 1:18을 참조하라.

2. 고후 2:16을 참조하라.

3. 딛 3:5을 참조하라.

4. 롬 7:21-23.

5. 내가 알기로 독자들 중 대부분은 지갑에 많은 여분의 달란트를 가지고 있지 못할 것이고 따라서 이것이 얼마만큼의 돈인지를 가늠하기가 어려울 것이다. 국가 부채를 생각해보라. 일부 학자들은 단 하나의 달란트가 보통 사람의 10년

치 임금보다 많다고 이야기한다. 덧붙여 1,000은 그리스어에서 가장 높은 숫자이고 따라서 그것을 사용하는 것은 무한대를 이야기하는 것과 같다. 다른 말로 하면 이 사람은 다 갚으리라고는 소망할 수도 없는 무한대의 빚을 졌다.

6. 바울은 말했다. "내가 한 법을 깨달았노니 곧 선을 행하기 원하는 나에게 악이 함께 있는 것이로다"(롬 7:21). 참된 신자는 더 이상 죄에 사로잡혀 있지 않다는 사실을 설명한 이후 사도 요한은 다음과 같이 이야기했다. "만일 우리가 죄가 없다고 말하면 스스로 속이고 또 진리가 우리 속에 있지 아니할 것이요." "만일 누가 죄를 범하여도 아버지 앞에서 우리에게 대언자가 있으니 곧 의로우신 예수 그리스도시라"(요일 1:8; 2:1).

7. 다시 한번 요일 1:8-9이나 자신을 죄인 중의 괴수로 일컫은 딤전 1:15에서의 바울의 진술을 생각해보라. 바울이 그렇게 느낀 것은 아마도 하나님의 은혜가 그의 마음을 비추어 그것이 실제로 얼마나 악한지를 보이셨기 때문일 것이다.

8. Mike McKinley, *Am I Really a Christian* (Wheaton: Crossway, 2011), 38-39, 72. 『나는 참 기독교인인가』(부흥과개혁사 역간). 수년 동안 확신을 얻기 위해 고군분투해왔던 John Bunyan 역시 『천로역정』 2권에서 같은 주장을 한다. Bunyan은 자신에 대해 지나치게 비관적인 견해를 갖는 경향이 있었다. 그를 도와 하나님의 은혜가 그 안에서 역사하신다는 증거를 보게 한 것은 베드퍼드셔에 위치한 그의 지역 교회 사람들이었다. 그는 『천로역정』 2권에서 이것을 묘사하는데 순례자들은 서로에게서 뿜어져 나오는 새로운 아름다움을 보았지만 스스로는 그렇게 할 수 없었다. "여인들이 그 옷으로 단장을 하자, 서로 놀라움에 몸을 떨었다. 왜냐하면 서로의 영광이 너무 빛나 제대로 바라볼 수 없었기 때문이었다. 그리하여 저들은 서로 상대방이 자기보다 낫다고 세워주기 시작했다. 한 사람이 '당신이 나보다 훨씬 아름다워요'라고 말하면, 상대방은 '아니에요, 당신이 나보다 훨씬 더 훌륭해요'라고 말했다." John Bunyan, *Pilgrims Progress* (Grand Rapids, MI: Baker, 1971), 199-200. 『천로역정』(CH북스 역간).

8장. 지속적인 의심이 들 때

1. 롬 4:5, 갈 3:1-3, 요 7:38을 참조하라.
2. 약 4:8을 참조하라. C. S. Lewis, *Mere Christianity*, 122. 『순전한 기독교』(홍성

사 역간). Peter Kreeft는 다음과 같이 말했다. "하나님은 종종 보다 작은 죄를 피할 은혜를 주시지 않는데 우리가 보다 큰 죄의 위험에 놓여 있기 때문이다. 교만을 피하기 위해 그분은 때로 우리가 음욕에 빠지도록 하시는데 음욕이 보통은 분명하고 숨길 수 없으며 일시적인 반면 교만은 그렇지 않기 때문이다." *Back to Virtue* (San Francisco: Ignatius Press, 1992), 168을 참조하라.

3. Michael Reeves, *The Unquenchable Flame* (Nashville: B&H, 2010), 175을 각색했다. 무례하게도 나는 현대의 독자들이 Bunyan의 진술을 좀 더 잘 이해할 수 있도록 그의 언어를 일부 고쳐보았다. Bunyan의 원래 의도를 바꾸었다고는 생각하지 않는다. 『꺼지지 않는 불길』(복있는사람 역간).

4. "하지만 그분은 결코 '내가 너를 도무지 알지 못한다' 말씀하실 수 없는데 그분이 나를 자신의 불쌍한 자녀로, 그분의 문 앞에서 수년을 보낸 거지로 알아오신 까닭입니다.…주님, 당신은 저를 아십니다. 제가 당신께로 와 '하나님이시여 죄인인 제게 긍휼을 베푸소서'라고 말했기 때문입니다.…제가 누구인지를 물으십니까? 이전에는 절망 가까이에 놓였던 죄인이었으나 기도로 당신의 속죄소를 구한 자입니다." 출처는 다음과 같다. "The Ploughman," *Farm Sermons*. http://www.spurgeon.org/misc/plough.htm. Spurgeon은 찬송가 작가인 John Newton을 인용한다. http://www.preceptaustin.org/spurgeon_on_matthew.htm.

부록 1. 세례의 문제

1. Jared Wilson, *Gospel Wakefulness* (Wheaton: Crossway, 2011), 186. 『복음에 눈뜨다』(예수전도단 역간). 출처는 다음과 같다. From *Collected Letters of C. S. Lewis, Volume III* (San Francisco, CA: Harper, 2007), 425.

2. 같은 책, 425, 935.

부록 2. 확신과 '오직 믿음으로 이루어지는 칭의' 교리 사이의 필수적인 관련성

1. 예로 N. T. Wright는 다음과 같이 말한다. "나는 언제나 말해온 바를 반복한다. 최종적인 칭의는…이제껏 살아온 삶의 총체성에 대하여 선언될 것이다." N. T. Wright, "Justification: Yesterday, Today, and Forever," *Journal of the*

Evangelical Theological Society 54, no. 1 (March 2011): 49-63. 심지어 「크리스
채너티 투데이」와 같은 가장 유명한 복음주의 출판물들에 빈번히 기고하는 M.
Scot McKnight 역시 이 문제에 대해서는 불분명하다. "다음의 공식을 선호하
는 경향이 보이는데 이것은 내게 개혁주의가 주해에 지나치게 큰 영향력을 끼
치도록 하기 위한 은근한 시도로 비칠 뿐이다. 이 공식은 믿음이 행위로 입증
된다는 것이다.…맞다, 행위는 믿음을 입증하지만 이것은 또한 믿음을 완벽하
게 하고 완성한다.…이 둘은 역사하는 믿음을 만들어내기 위하여 함께 일하는
데 이 믿음이 구원하는 믿음이다." Scot McKnight, *The Letter of James: The New
International Commentary on the New Testament* (Grand Rapids, MI: William B.
Eerdmans Publishing Company, 2011), 244.

2. 이것은 예수님이 선한 사마리아인의 비유를 말씀하시기 전의 대화였다.

3. 예로 *Catechism of the Catholic Church*, section 1856을 참조하라. 가톨릭 신학자
Richard McBrien은 다음과 같이 말했다. "이 내면의 변화 때문에 이제는 사람
에게 칭찬할 만한 행위가 가능해졌는데 이것은 하나님의 은혜로 즉시 시작되
었으나 동시에 온전히 인간적인 것이다." 또한 *Canons and Decrees of the Council
of Trent: English Translation*, translated by H. J. Schroeder (Rockford, IL: Tan
Books and Publishers, Inc., 1978), session 6, chapter 9, 11, 16; canon 9 and 24
을 참조하라.

4. 롬 1:17, 4:5을 참조하라.

구원의 확신

당신이 구원받았음을 어떻게 확실히 알 수 있는가?

Copyright © 새물결플러스 **2019**

1쇄 발행 2019년 9월 26일

지은이 J. D. 그리어
옮긴이 장혜영
펴낸이 김요한
펴낸곳 새물결플러스

편 집 왕희광 정인철 박규준 노재현 한바울 정혜인
　　　　이형일 서종원 나유영 노동래
디자인 윤민주 황진주 박인미
마케팅 박성민 이원혁
총 무 김명화 이성순
영 상 최정호 조용석 곽상원
아카데미 차상희

홈페이지 www.holywaveplus.com
이메일 hwpbooks@hwpbooks.com
출판등록 2008년 8월 21일 제2008-24호
주 소 (우) 04118 서울특별시 마포구 마포대로19길 33
전 화 02) 2652-3161
팩 스 02) 2652-3191

ISBN 979-11-6129-122-2 03230

책값은 뒤표지에 있습니다.

이 도서의 국립중앙도서관 출판예정도서목록(CIP)은 서지정보유통지원시스
템 홈페이지(seoji.nl.go.kr)와 국가자료공동목록시스템(nl.go.kr/kolisnet)
에서 이용하실 수 있습니다. CIP2019035679